JN291010

はしがき

　本書は，英語の「基礎」＝中学校での学習内容に限定して総復習するもので，河合塾のサテライト講座「基礎からの英語」および語学春秋社の「実況中継セミナー"GOES"／中学英語総復習講座」での私の講義の概要を再現したものです。

　本書を手にして「だいたいわかる」とか「簡単だな」という印象をもたれる方が多いかもしれません。実際，すべて「基礎のキソ」と言うべき内容ばかりです。

　しかし，この中に「何となくわかる」というグレードのものがあるとすれば，その部分こそ，まさに皆さんの英語力の伸びを阻(はば)んでいる元凶(げんきょう)なのです。中学学習範囲の文法について体系的な学習が十分に行われているとは言い難い現状では，本書の内容は100％理解しなければなりません。

　また，本書においてイラストは「脇役」ではありません。それぞれの文法事項の核心部分をイラストの中で説明しているので，

書かれている内容をしっかり理解してください。

　「読んでみてわかった」レベルから→「使えるようになった」レベルへと向上するように，練習問題にもしっかり取り組みましょう。

　なお，本書は既刊『イラストで解く中学英語総復習』（A5判）を"Make it!"シリーズの1冊として，文庫判化したものであることを申し添えます。

　この本が，広く英語を学ぶ皆さんの力になりますように。

二本柳　啓文

CONTENTS

はしがき ……………………………………………………………… iii

動詞(1)

1. be動詞ってどんなもの? …………………………………… 2
2. 一般動詞ってどんなもの? …………………………………… 6
3. 「いつものこと」は現在形で! ……………………………… 10
4. 進行形は「動作の真っ最中」を表す! ……………………… 14
5. 過去+現在=現在完了形! …………………………………… 18
6. 現在完了形は,過去と現在をつなぐ線! …………………… 22

動詞(2)

7. その気になったらwillを使おう! …………………………… 26
8. 着実な準備でその気になったら
     bo going toを使おう! …………………………………… 30
9. mayは確立50%(かもしれない)! ………………………… 34
10. should「…するべきだ」は
     mustよりはおだやかなり! ……………………………… 38
11. 主語が「する」のが「される」のか,よく考えよう! ……… 42
12. 英語の受け身は語順に注意! ………………………………… 46

名詞・形容詞・副詞

13. 「数えられる名詞」は前後に注意! …………………………… 50
14. 「数えられない」名詞の数え方! ……………………………… 54
15. 形容詞は名詞とお付き合い! ………………………………… 58
16. 英語の数量表現は名詞の前で! ……………………………… 62
17. 副詞は名詞以外とお付き合い! ……………………………… 66
18. 副詞は他の副詞ともお付き合い! …………………………… 70

v

不定詞(1)／動名詞

19	動詞が変装しちゃうとき (紹介編その1)	74
20	〃 (紹介編その2)	78
21	動詞が変装しちゃうとき (名詞編その1)	82
22	〃 (名詞編その2)	86
23	〃 (名詞編その3)	90
24	〃 (名詞編その4)	94

不定詞(2)／現在分詞・過去分詞

25	動詞が変装しちゃうとき (形容詞編その1)	98
26	〃 (形容詞編その2)	102
27	動詞が変装しちゃうとき (動詞の原形+ingその1)	106
28	〃 (動詞の原形+ingその2)	110
29	動詞が変装しちゃうとき (動詞の原形+edその1)	114
30	〃 (動詞の原形+edその2)	118

不定詞(3)／現在分詞

31	動詞が変装しちゃうとき (副詞編その1)	122
32	〃 (副詞編その2)	126
33	英語は頭デッカチが大キライ！	130
34	英語は左から右に見ていくとわかりやすい！	134
35	英語は左から右に，カタマリごとにとらえられるとよい！	138
36	notは自分の後ろを打ち消す！	142

比　較

37	as～asで"はさめるもの"に注意！	146
38	not as～asは同じにはならない！	150
39	thanがあったら比較級！	154

40	「大差」がついたときに比較級の前に付けるもの!	158
41	最上級はくらべるものに注意!	162
42	one ofの後ろの名詞は複数形!	166

接続詞

43	等位接続詞は同じカタチ同士をつなぐ!	170
44	命令を出しっぱなしにしてはいけません!	174
45	that節が名詞のカタマリになるとき!	178
46	動詞の時制はしっかりそろえて!	182
47	動詞の時制は実際の時間を考えて!	186
48	未来の内容を現在形で表す場合!	190

関係代名詞

49	接続詞+代名詞=関係代名詞!	194
50	関係代名詞のカタマリは形容詞のカタマリ!	198
51	関係代名詞には省略できるものもある!	202
52	形容詞のカタマリを極める!	206
53	形容詞のカタマリは先に訳して名詞につなげる!	210
54	句と節の違いに慣れる!	214

いろいろな文

55	文中の疑問文 (1)	218
56	〃 (2)	222
57	英語にはビックリするにも2種類ある! (1)	226
58	〃 (2)	230
59	英語は語順がいのちです!	234
60	語順が見えれば英語が見える!	238

解 答	242

1 be 動詞ってどんなもの？

　英語の文は"主語＋動詞"の語順で始まるのが原則です。また，英語の動詞には be 動詞と一般動詞があります。まずは be 動詞の形と意味をチェックしておきましょう。

Let's try!

□適切なものを 1 つ選びなさい。

　Kumi and I (　　) good friends.

　① am　　② are　　③ is

動詞 (1)

Kumi and I are good friends.

1. Kumi and I

   be動詞は＝(イコール)のはたらきをします。

2. Kumi and I

   主語はこのあ2人、Kumi and I

3. Kumi and I are good friends.

   be動詞 ＝

   このようにKumi and I と good friends が イコールで むすばれます。

ポイント解説

次の2つの文を見てください。

① **Kumi and I are good friends.**
（クミとぼくはよい友達です[である]）

② **My sister is not at home today.**
（妹は今日，家にいません）

be動詞には，上のような2つの意味があります。
①はイコールの意味で，「…である」。
②は「いる，ある[存在する]」という意味。
be動詞の活用も確認しておきましょう。

	現　在	過　去
I	am	was
you（単数）	are	were
he, she, it など	is	was
we	are	were
you（複数）	are	were
they	are	were

トレーニング

動詞(1)

■ 次の文の＿＿＿に，am, are, is から適語を選び，記入しなさい。

1. The woman ＿＿＿＿ very beautiful.
2. ＿＿＿＿ you usually busy on Saturday?
3. ＿＿＿＿ your mother a good cook?
4. I ＿＿＿＿ not very hungry now.
5. Jack's story ＿＿＿＿ very interesting.

■ 空所に適語を入れて，日本文の意味を表す英文にしなさい。

6. そのハンバーガー店に私の弟がいた。
   My brother (　　　) in the hamburger shop.

7. 彼女は今，家にいません。
   She (　　　) not at home now.

8. 彼らは今，日本にいますか。
   (　　　) they in Japan now?

9. 私たちの学校は町の中心にあります。
   Our school (　　　) in the center of the town.

10. 私は8年生です。
    I (　　　) in the eighth grade.

✎ 答えは p.242

2 一般動詞ってどんなもの？

動詞にはbe動詞と一般動詞がありますが，be動詞以外の動詞を「一般動詞」といいます。be動詞とは活用のしかたや否定文・疑問文の作り方が異なります。

My uncle is a police officer.
私のおじさんは警察官です。

be動詞

be動詞を使った文では，be動詞はイコールと考えればわかりやすいです。

ではbe動詞以外の動詞を使った文ではどうでしょうか。

1

Let's try!

動詞 (1)

□日本文の意味になるように，指定された文字で始まる語を入れなさい。

「私のおじさんは，しょっちゅうカラオケバーに行きます」

My uncle often (g   ) to the karaoke bar.

My uncle often goes to the karaoke bar.
私のおじさんはしょっちゅうカラオケバーに行きます。

be動詞 ✕ Kara-oke!

今度はおじさんとカラオケバーはイコールではありません。おじさんが主語で、カラオケバーは目的地です。

一般動詞 **goes**

また、おじさんは3人称で単数なので **go** が **goes** にかわります。

2

ポイント解説

be 動詞以外の動詞が**一般動詞**です。

① **I go to the karaoke bar every Sunday.**
   (ぼくは毎週日曜日にはカラオケバーに行きます)

② **My uncle often goes to the karaoke bar.**

①のように,1人称(2人称)では,go という原形のままですが,②のように**3人称単数**で**現在形**のときは goes,と s または es をつけるのが決まりです。これを"**3単現の(e)s**"と呼びます。3人称でも,they は複数なので,s はつきません。

ちなみに,

◆ I と we などの話し手は1人称,you のような聞き手は2人称,それ以外のいわゆる第三者にあたる he, she, it, they は3人称の代名詞。

◆ 3人称単数とは,代名詞で言うと,he, she, it のことで,「I, we(私・私たち)でも,you(あなた・あなたたち)でもなく,they(彼ら)でもなく,1人または1つ」ということです。

トレーニング

■次の文の（　）内から適語を選び，記号を○で囲みなさい。

1. Bill（ア has　イ have）some old coins.
2. His brother（ア play　イ plays）basketball after school.
3. My brother（ア studies　イ study）French at school.
4. Their sister doesn't（ア watches　イ watch）TV.
5. Jim and I（ア are　イ use）this car.

■次の各文の＿＿＿に，（　）内の語を適当な形に変えて入れなさい。

6. I ＿＿＿＿＿ the piano for two hours yesterday.　（play）
7. They ＿＿＿＿＿ in Washington ten years ago.　（live）
8. Bob ＿＿＿＿＿ math with his friend last Sunday.　（study）
9. Kate ＿＿＿＿＿ watching television an hour ago.　（stop）
10. I ＿＿＿＿＿ not at home last Sunday.　（be）

答えは p.242

3 「いつものこと」は現在形で！

　現在形というと「現在のこと」だけを表しているように思いがちですが，実は多機能なのです。チェックしてみましょう。

Let's try!

□適切なものを1つ選びなさい。

I (　　　) to Lawson's every day.

① go
② goes
③ going

動詞 (1)

1. 現在形というと、「現在」ということばから「今していること」を表すと思いがちですが、実はちがいます。

2. 現在形は「いつもしている」こと、つまり習慣のようなことを表す時制なのです。

　学校行くとか　ゴハン食べるとか

I go to Lawson's every day. 私は毎日ローソンに行く。

3. ←――― 現在 ―――→

このぶんでも、ローソンへ行くのは「今」だけではなく、毎日にわたって行っています。

ポイント解説

現在形が表している内容をざっと整理します。

1. いつものこと

   ① **She has long hair.**

   （彼女は長い髪をしています）

   ◆言うまでもなく、「いつも」のことです。

   ② **I always get up at six.**

   （私はいつも6時に起きます）

   ◆毎朝の「習慣」ですから、これまた「いつも」していることです。

2. 現在の段階で確定している未来

   The Olympic Games start next month.
   （オリンピックは来月はじまります）

   ◆出発や到着、開始や終了等を表す動詞に多い使い方です。確実に起きるであろう事柄に用います。

トレーニング

■次の各文を指示に従って書き換えなさい。

1. Tom is at home now. 〈否定文に〉
   _____

2. You are his classmates. 〈疑問文に〉
   _____

3. This flower is very pretty. 〈flower を flowers に〉
   _____

4. That dog is very big. 〈dog を dogs に〉
   _____

5. We are not his students.〈students を student に〉
   _____

■次の各文を指示に従って書き換えなさい。

6. My parents know him well. 〈否定文に〉
   _____

7. Our dog likes taking a bath. 〈否定文に〉
   _____

8. You read a book every day. 〈疑問文に〉
   _____

9. Ms. Smith gets up early. 〈疑問文に〉
   _____

答えは p.242

4 進行形は「動作の真っ最中」を表す！

〈**be** 動詞＋***doing***〉の形を進行形といいます。「終わっていない一時的な動作」を表すのですが，少し難しいですね。わかりやすく説明しましょう。

Let's try!

□適切なものを1つ選びなさい。

Mom is (　　　) a cake for my sister Miki.

① bake
② baking
③ bakes

動詞 (1)

1

「現在進行形」は、現在この瞬間の動作のことを表します。

スットプきィ

2

ポイントはその動作が「ただいま真っ最中」であり、まだ終ってないことです。

I am playing tennis.

あたふた
ポーン

3

Mom is baking a cake for my sister Miki.
母は妹のミキのためにケーキを焼いている。

ケーキを
焼く
現在

こういう文があったら、ケーキを焼いている真っ最中であると考えること。

現在形は、日々の行動を少し距離をおいてながめる感じ、現在進行形はズームアップして接写する感じです。

ポイント解説

〈**be**動詞＋*doing*（現在分詞）〉を進行形といい，その時点で行われている一時的な動作を示します。

1. 現在進行形（am / is / are＋*doing*）

「…している」

2. 過去進行形（was / were＋*doing*）

「…していた」

3. 未来進行形（will be *doing*）

「…しているだろう」

どの形も，その時点が「動作の真っ最中」であることを表しています。あくまでも動作を示すときに用いる形なので，resemble（…に似ている），know（…を知っている）などのような状態を表す動詞では，原則として進行形は用いません。「一時的に似ている」なんて変ですからね。

トレーニング

■ ＿＿＿ に適語を入れて，次の文を進行形の文に直しなさい。

1. I run in the park.
   → I ＿＿＿＿＿＿ ＿＿＿＿＿＿ in the park.
2. They play the piano.
   → They ＿＿＿＿＿＿ ＿＿＿＿＿＿ the piano.
3. She doesn't watch TV.
   → She ＿＿＿＿＿＿ not ＿＿＿＿＿＿ TV.
4. We go to church.
   → We ＿＿＿＿＿＿ ＿＿＿＿＿＿ to church.
5. What do you do?
   → What ＿＿＿＿＿＿ you ＿＿＿＿＿＿?

■ 次の各文の（　）内から，適当なものを選びなさい。

6. Taro (give / gives / gave / doesn't give) a book to Lucy yesterday.
7. Mr. Reed (speak / speaks / spoken / are speaking) Japanese very well.
8. (Are / Were / Do / Did) you go to the Central Park a week ago?
9. I (am / don't / wasn't / weren't) watching television then.

答えは p.243

5 過去＋現在 ＝現在完了形！

〈have/has＋*done*〉の形を現在完了形といいます。今を基準にして過去のことを振りかえる言い方なのですが，これもわかりやすく説明します。

「現在完了形」は過去とつながっている現在を表します。

例えば今日のはじめに私がお腹をすかせていたとします。

1 今日のはじめ

そのお腹がすいているのが今まで続いているとします。

こういうときに現在完了形を使います。

2 今日のはじめ　　今

Let's try!

□空所に当てはまる語を入れなさい。

「私は今日はまだ何も食べていません」

I (　　　) eaten anything (　　　) today.

お腹のすいている状態が過去にあり、それが現在まで金太郎アメのようにニューと伸びているイメージです。

今日のはじめ　　　今

I haven't eaten anything yet today.
私は今日はまだ何も食べていません。

3

ポイント解説

〈**have/has＋done**（過去分詞）〉の形を**現在完了形**といいます。

過去に起こった事柄で，現在とのつながりがあることを表すのですが，イラストの〈金太郎アメのようにニューと伸びているイメージ〉というのがわかりやすいと思います。

ここでは現在完了形の文の作り方を確認しましょう。

肯定文

I have been sick since last Monday.
（私はこの前の月曜日からずっと病気です）

否定文

I haven't eaten anything yet today.
（私は今日はまだ何も食べていません）

　　◆〈have / has not＋*done*〉

疑問文

Have you ever eaten raw fish?
（お刺身を食べたことがありますか）

　　◆〈Have / Has＋主語＋*done*〉

トレーニング

■次の文の(　)内から適語を選び，○で囲みなさい。

1. I have (known / knew / know) him for a long time.
2. They (go / went / gone) to America last week.
3. He has (be / was / been) in this city for two weeks.
4. I (have seen / have saw / have see) that woman somewhere before.

■次の日本文の意味を表すように，＿＿＿に適語を入れなさい。

5. あなたは今までに七面鳥を食べたことがありますか。

    Have you ＿＿＿＿＿ ＿＿＿＿＿ turkey?

6. 私は京都を3回訪れたことがある。

    I ＿＿＿＿＿ visited Kyoto three ＿＿＿＿＿.

7. 私は一度もパンダを見たことがない。

    I have ＿＿＿＿＿ ＿＿＿＿＿ a panda.

8. 私はそのホテルに何度も泊まったことがある。

    I ＿＿＿＿＿ ＿＿＿＿＿ at the hotel many times.

答えは p.243

6 現在完了形は，過去と現在をつなぐ線！

　第4項で見た進行形が「動作の真っ最中」を表す，いわば点であるのに対し，現在完了形は過去と現在をつなぐ線，とでも言えるものです。

> これも同じですね。まず一週間前に日本食を食べていませんでした。

1 一週間前

> そして今もやはり食べていない…。

パッ

2 一週間前　　今

Let's try!

動詞 (1)

□空所に当てはまる語を入れなさい。

「1週間前から日本食を食べていない」

I have not eaten Japanese food (　　　) a week.

つまり、ずーっと食べていない

一週間前　　今

I have not eaten Japanese food for a week.
一週間前から日本食を食べていない。

こんな風に、一週間前から、「食べていない」状態がのびて、続いているイメージです。

3

ポイント解説

現在完了という概念が日本語にないため、訳し方も場合分けして考えることになります。どの使い方でも「過去と現在をつなぐ線」というイメージは変わりません。

1. 〈完了・結果〉:「(今)…したところである」、「(すでに) …してしまった」など

    I've caught a terrible cold.
    (私はひどい風邪をひいてしまった)

    ◆「今もその風邪をひいている」という含みがあります。

2. 〈経験〉:「(今までに) …したことがある」

    I've been to New York many times.
    (私は何回もニューヨークに行ったことがある)

    ◆過去に終わった事柄で、「経験」として今も残っていることを表します。

3. 〈継続〉:「(今まで) ずっと…だ」

    I haven't eaten Japanese food for a week.
    (私は一週間前から日本食を食べていない)

    ◆ある状態が過去から現在まで継続していることを表します。

トレーニング

■ 次の日本文の意味を表すように,（　）内の語句を並べ換えなさい。

1. 母はちょうどケーキを焼き終えたところです。
   (Mother, has, just, a cake, baked).

   _____

2. 彼はもう壁のペンキを塗ってしまいましたか。
   (yet, painted, the wall, has, he)?

   _____

3. 私はすでに宿題を終えてしまった。
   (already, finished, have, homework, I, my).

   _____

■ 次の文の現在完了の使い方を, ①継続（ずっと〜している）, ②完了（〜してしまった）, ③経験（〜したことがある）に分け,〔　〕内に①〜③を入れなさい。

4. Have you washed the dishes yet?　〔　〕

5. How many times have you been there?　〔　〕

6. She has used this dictionary since she entered high school.　〔　〕

7. How long have they been in Hawaii?　〔　〕

答えは p.243

7 その気になったら will を使おう！

英語で未来を表すには，動詞を活用させるのではなく，動詞の原形の前に will や be going to をつけるのがふつうです。まずは〈will＋動詞の原形〉から見てみましょう。

I invite her to dinner.
私は彼女を夕食に招待する。

こういう文だと現在形なので、毎日彼女を招待しているみたいです。

1

I will invite her to dinner tomorrow.

ところがこうすると。

2

Let's try!

□空所に当てはまる語を入れなさい。

「私は明日彼女を夕食に招待します」

I (　　　) (　　　) her to dinner tomorrow.

動詞(2)

I [will] invite her to dinner [tomorrow].

やるぞ！　明日だ

4/21

3 will が加わると「意志」つまり「やるぞ」という フンイキになり、時制が未来になります。

---

will がつくと「未来」に「やるつもり」のことになる。これを「意志未来」といいます。

意志 →

4 現在 ────○──────○── 未来

〈will＋動詞の原形〉で表す未来

1. 自分の意志とは無関係にその時がくれば自然に起こること。

   I'll be seventeen years old next year.
   (来年，17歳になる)

2. その場でやる気になったこと。

   I will invite her to dinner tomorrow.
   (明日，彼女を夕食に招待します)

   ◆ 次項の〈be going to＋動詞の原形〉と対比させて理解しましょう。

トレーニング

■ 次の英文の下線部をあとの（　）内の語に換え，will を使って未来の文に書き換えなさい。

1. We are busy today.　（tomorrow）

　_____

2. She is in Kyoto now.　（next week）

　_____

3. How old is Ken now?　（next year）

　_____

4. It is fine today.　（tomorrow）

　_____

■ 次の英文の下線部をあとの（　）内の語に換え，will を使って未来の文に書き換えなさい。

5. I wash my car every Sunday.　（next Sunday）

　_____

6. She goes to the library every Sunday.（tomorrow）

　_____

7. He didn't play tennis yesterday.　（tomorrow）

　_____

8. I get up at six every day.　（tomorrow）

　_____

✎ 答えは p.244

8 着実な準備でその気になったら be going to を使おう！

〈be going to＋動詞の原形〉で表す未来は，作り方としては be 動詞の文と同じです。ここでは will を使った表現との違いに注意してみましょう。

We climb Mt.Takao.
私たちは高尾山に登る。

1 この文だと高尾山にちょくちょく登っているように聞こえます。

We climb Mt.Takao.

2 これを「登る予定である」という文にかえるには？

Let's try!

□空所に当てはまる語を入れなさい。

「私たちは次の日曜日に高尾山に登るつもりです」

We're (　　　　　) to climb Mt. Takao next Sunday.

動詞(2)

We are going to climb Mt.Takao next Sunday.

ペタ

この **be going to** というのをはりつけます。すると…

3

近い将来の予定や心づもり、つまり「〜する予定だ」という意味になります。

今は登ってないよ

4　現在　　　　次の日曜日

ポイント解説

〈be going to ＋動詞の原形〉で表す未来

1. その事柄が起こる気配があって起きること。

   It is going to rain.
   (雨が降りそうです)

   ◆ 今現在，空の様子が怪しくなっていて，いかにも雨が降りそうな感じです。

2. 行うことをあらかじめ決めていること。

   We are going to climb Mt. Takao next Sunday.
   (私たちは次の日曜日に高尾山に登るつもりです)

   ◆ 前から着々と準備を進めている感じです。

トレーニング

■ 次の英文の下線部をあとの（　）内の語に換え，**be going to** を使って未来の文に書き換えなさい。

1. I practice the piano <u>every Saturday</u>.
   （next Saturday）

   _____

2. She swims after school <u>every day</u>. （tomorrow）

   _____

3. He works for a bank <u>now</u>. （next year）

   _____

4. What do you do after school <u>every day</u>? （today）

   _____

■ 次の英文の下線部をあとの（　）内の語に換え，**be going to** を使って未来の文に書き換えなさい。

5. It snows <u>in February</u>. （next month）

6. It is foggy <u>now</u>. （tomorrow）

7. I am busy <u>now</u>. （next Saturday）

8. She is free <u>now</u>. （tomorrow）

動詞(2)

答えは p.244

9 may は確率 50%（かもしれない）！

英語と日本語では助動詞（動詞にさらに意味を添える品詞）の位置などが異なります。さっそく，チェックしてみましょう。

1 Jim is busy today.
ジムは忙しい。
こう書くと100%ジムは忙しいことになります。

2 Jim may is busy today.
世の中は100%のことばかりではありません。
「かもしれない」という助動詞 may をはってみます。

Let's try!

□空所に当てはまる語を入れなさい。

「ジムは今日は忙しいかもしれません」

Jim (　　　)(　　　) busy today.

動詞 (2)

Jim may be busy today.

このとき助動詞の次には動詞の原形がくるので、is は be になおしましょう。

3

Jim may be busy today.
ジムは今日は忙しいかもしれません。

いやー忙しくなるかな？

できあがり。

4

ポイント解説

助動詞の用い方

1. 助動詞の形は，主語の人称や数の影響を受けない。

    ○ **Jim may be...**
    × **Jim mays be...**

2. 助動詞の後には動詞の原形が来る。

    ○ **Jim may be...**
    × **Jim may is...**

3. 助動詞を用いた文の疑問文は，〈助動詞＋主語＋動詞の原形…?〉。否定文は，〈助動詞＋not＋動詞の原形…〉で用いる。

    May I speak to you for a moment?
    （少しお話ししてもいいですか）

    He may not come here today.
    （彼は今日はここに来ないかもしれない）

トレーニング

■次の英文を下線部に注意して，日本語に直しなさい。

1. You <u>may</u> close the window.
   _____

2. It <u>may</u> rain tomorrow.
   _____

3. You <u>may</u> be sick.
   _____

4. He <u>may be able to</u> come here.
   _____

■次の各文の___に適当な1語を入れて，日本文の意味を表す英文にしなさい。

5. You _____ use this desk.
   （この机を使わなければいけません）

6. You _____ help your mother.
   （お母さんを手伝わなければいけませんよ）

7. You _____ _____ open the box.
   （その箱を開けてはいけません）

8. _____ I do it at once?
   （すぐにそれをしなければいけませんか）

答えは p.244

10 should「…するべきだ」はmustよりはおだやかなり！

　ここでは助動詞の代表的な意味を扱います。〈義務〉とか〈推量〉などのようなキーワードと共に覚えるとわかりやすいですよ。

We keep our promise.
私たちは約束を守る。

> この文に「すべきである」の意味を付け加えましょう。

1

We should keep our promise.

> さっきの may のように should という助動詞を入れてみましょう。

2

Let's try!

□空所に当てはまる語を入れなさい。

「私たちは約束を守るべきです」

We (　　　)(　　　) our promise.

動詞(2)

We |should| keep our promise.

約束を守らないといけません！

この助動詞 should は「話し手の意志」を表します。

3

もちろん助動詞の後ろは動詞の原形ですから、keeps とか書いてはいけません。

should keep(s) ✗

4

ポイント解説

代表的な助動詞の意味

代表的な助動詞の意味			
must	should	can	may
…しなければならない（強い義務）	…すべきである（義務）	…することができる（能力）	…してよい（許可）
…するにちがいない（話し手の推量）	…するはずである（話し手の推量）	…することがありうる（話し手の推量）	…するかもしれない（話し手の推量）

◆表をみてわかると思いますが，shoud は must よりはおだやかな言い方になります。これ以外にも意味はありますが，まずは上の意味をしっかりおさえましょう。

トレーニング

■次の各文の＿＿に，（　）内の日本語に合うような1語を入れなさい。

1. You ＿＿＿＿ go there.（行ってもよい）

2. You ＿＿＿＿ go there.
（行かなければならない）

3. You ＿＿＿＿ ＿＿＿＿ go there.
（行ってはいけない）

4. You ＿＿＿＿ go there.（行くべきだ）

5. You ＿＿＿＿ ＿＿＿＿ do such a thing.
（するべきではない）

■次の各文を指示に従って書き換えるとき，＿＿に適当な1語を入れなさい。

6. Tom speaks Japanese.〈「～できる」という文に〉

   Tom ＿＿＿＿ ＿＿＿＿ Japanese.

7. She can find the answer. 〈過去の文に〉

   She ＿＿＿＿ ＿＿＿＿ the answer.

8. My sister made a cake.
〈「～できなかった」という文に〉

   My sister ＿＿＿＿ ＿＿＿＿ a cake.

動詞(2)

答えは p.245

11 主語が「する」のか「される」のか, よく考えよう！

主語が「…される」という意味になることを〈受け身〉といいます。ここでは受け身の表し方をチェックします。

1

When ( ) those trees cut down?
それらの木はいつ切り倒されましたか？

?があるので、疑問文であることはわかりますね。

「いつ」と「過去のできごと」を聞いているのもわかります。

2

When (did) those trees cut down?

「過去の疑問文」ということでつい、「did」をつけてしまいますが…。

そうすると主語は「trees」ということになってしまいます。

Let's try!

□ 空所に当てはまる語を入れなさい。

「それらの木はいつ切り倒されましたか？」

「昨年切り倒されました」

"When (　　) those trees cut down?"

"They were cut down last year."

動詞(2)

3

「tree」が何かを切り倒すなんてありえませんね。

When (were) those trees cut down?
それらの木はいつ切り倒されましたか？

だからこの文は受け身だということがわかります。

過去ですから過去形のbe動詞を入れます。

4

ポイント解説

受け身(受動態)の形

1. 〈主語＋be 動詞＋*done*(過去分詞)〉の形をとる。

    Those trees were cut down last year.
    (それらの木は昨年切り倒されました)

2. 受動態の時制や疑問文・否定文の作り方は，be 動詞を基準に考える。

    Those trees will be cut down tomorrow.
    (それらの木は明日切り倒されることになっています)

    I wasn't scolded by the teacher.
    (私は，その先生にはしかられませんでした)

トレーニング

■次の日本文に合うように，空所に適当な語を書き入れなさい。

1. その辞書は多くの学生に使われています。
   The dictionary (　　　　)(　　　　) by a lot of students.

2. その図書館は午後6時に閉館します。
   The library (　　　　)(　　　　) at six in the evening.

3. その校舎は50年前に建てられました。
   The school building (　　　　)(　　　　) fifty years ago.

■次の日本文に合うように，空所に適当な語を書き入れなさい。

4. この列車は多くの人々に利用されていますか。
   (　　　　) this train (　　　　) (　　　　) many people ?

5. そのカメラはどこで売っていますか。
   (　　) (　　) the camera (　　　　)?

6. その花びんはだれにこわされたのですか。
   By whom (　　　　) the vase (　　　　)?

動詞(2)

答えは p.245

12 英語の受け身は語順に注意！

受け身の文は語順がややこしいのが特徴です。ここでは〈SVOC〉型の文の受動態についてチェックします。

Let's try!

□適切なものを1つ選びなさい。

He is (　　　) Tomo by his friends.

① called　② calling　③ calls

動詞(2)

3

He が Tomo を呼ぶのではなく、He ＝ Tomo となるのですから、ここは「呼ばれる」という意味だとわかります。

He is called Tomo by his friends.
彼は友だちからトモと呼ばれている。

be called は＝(イコール)と似た働きをします。

おぼえておきましょう。

4

ポイント解説

受け身(受動態)の形

1. 〈SVOC〉型の文の受動態。

   I made Tomo a partner.
   (私はトモを仲間にした)

   → **Tomo was made a partner by me.**
   (トモは私によって仲間にされた)

   ◆受動態の文では主語が変わっていることに注意しましょう。

2. 語順を間違いやすい受動態の文。

   × **What is called this bird in Japanese?**

   ○ **What is this bird called in Japanese?**
   (この鳥は日本語で何と呼ばれていますか)

トレーニング

■次の英文を書きだしにつなげて受動態の文に書き換えなさい。

1. They named their daughter Kate.
   Their daughter _____.

2. He made his parents happy.
   His parents _____.

3. She always keeps the room clean.
   The room _____.

4. He painted the wall white.
   The wall _____.

■次の日本文に合うように，(　)内の語を使って正しい英文を書きなさい。

5. この色は日本語で何と言われますか。
   (is, in, color, Japanese, what, this, called)?

   _____

6. その知らせに彼らは驚いた。
   (the, they, surprised, news, were, at).

   _____

7. 紙は木から作られる。
   (from, is, made, paper, wood).

   _____

答えは p.245

動詞(2)

13 「数えられる名詞」は前後に注意！

英語の名詞の使い方は，「数えられる」か「数えられないか」で大きく変わります。まずは「数えられる」名詞の使い方から。

1. 複数のものをあつめて…
2. cities ぶくろ　よっこらしょ　きゃー　ひとつにまとめ…

Let's try!

□カッコ内の語を適切な形に直しなさい。

Tokyo is one of the largest (city) in the world.

名詞・形容詞・副詞

3
そこから1コとりだして、one of なになに とあらわす。
one of city → cities
英語ではよくある表現です。
意味は「何々のうちのひとつ」となります。

4
もとのこのフクロの方は複数入っているので、とうぜん複数になります。
one of city → cities
だしてくれ〜

ポイント解説

「数えられる」名詞で注意すること。

1. **単数形**（1つ/1人などの場合）
   - ◆ 名詞の前に「〜の」にあたる語を1つ付けるのが原則。
   a bird（1羽の鳥），the store（その店），my camera（私のカメラ），this team（このチーム）…など。

2. **複数形**（2つ/2人以上の場合）
   - ◆ 名詞の後に -s (es) をつけるのが原則。
   dog→dogs（犬），tomato→tomatoes（トマト），knife→knives（ナイフ），baby→babies（赤ちゃん）
     * knife のように f または fe で終わる名詞は f, fe を v に変えて es をつける。baby のように "子音字 + y" で終わる名詞は y を i に変えて es をつけます。
   - ◆ 不規則な複数形にも注意。
   man→men，woman→women，foot→feet（足），child→children（子供）…など。

トレーニング

■次の名詞の複数形を書きなさい。

1. tree ＿＿＿＿＿＿
2. boy ＿＿＿＿＿＿
3. glass ＿＿＿＿＿＿
4. lady ＿＿＿＿＿＿
5. child ＿＿＿＿＿＿

■次の各文のカッコ内の語を適する形に直しなさい。

6. New York is one of the largest (city) in the world. ＿＿＿＿＿＿
7. Baseball is one of the most popular (sport) in Japan. ＿＿＿＿＿＿
8. Japanese is one of the most difficult (language) in the world. ＿＿＿＿＿＿
9. Seiji Ozawa is one of the most famous (man) in the world. ＿＿＿＿＿＿
10. This is one of my favorite (dress). ＿＿＿＿＿＿

名詞・形容詞・副詞

答えは p.246

14 「数えられない」名詞の数え方！

数えられない名詞の量の多少などの表し方も注意が必要です。問題を見てみましょう。

---

1 coffee というもの〜

coffee などは液体で物質名詞なので数えられません。

2 じょぼぼ〜

そこで、例えば cup や glass などに入れると。

Let's try!

□ a を two に変えた下の文の空所に適切な語を入れなさい。

Please give me a glass of iced coffee.

Please give me two ( ) of iced ( ).

名詞・形容詞・副詞

このと〜り
1ぱい、2はい
と数えられる
形に！

1ぱいのコーヒー
a cup of coffee

3ばいのアイスコーヒー
three glasses of iced coffee

これは液体だけでなく、例えばパン bread もそうです。

意外なところでは、家具 furniture もそうです。英語では家具はモノの名前でなく、《モノの種類》の名前なんですね。

bread
というもの〜

パンは形が一定せず
切っても切っても
パンです。

three slices of bread
3まいのパン

furniture
〜というもの

ポイント解説

「数えられない」名詞の表し方

1. **「多い」** much（数えられる名詞の前は many）
   「少ない」 a little （　　〃　　 a few）
   「ほとんどない」 little （　〃　　 few）

2. 数えられない物質を表す名詞の数え方
   ① 〈入れもの〉を使う
      a cup of coffee（1杯のコーヒー）
      two glasses of water（2杯の水）
   ② 〈形〉を使う
      a slice of bread（1枚のパン）
      two sheets of paper（2枚の紙）
   ③ 〈単位〉を使う
      a liter of cola（1リットルのコーラ）

トレーニング

■ 次の各文の（　）内から，適当なものを選びなさい。

1. There (is / are / was) some eggs in the basket.
2. There (is / are / were) some milk in the glass.
3. We have (many / much) trees in this city.
4. We have (many / much) rain in June.
5. There was a (few / little) water in the lake.

■ 次の日本文の意味を表すように，＿＿＿＿に適当な1語を入れなさい。

6. コップ1杯の水　　　＝a ＿＿＿＿＿ of water
7. カップ1杯のコーヒー
　　　　　　　　　　＝a ＿＿＿＿＿ of coffee
8. 1きれのチーズ　　　＝a ＿＿＿＿＿ of cheese
9. 1枚の紙　　　　　　＝a ＿＿＿＿＿ of paper
10. 2本のチョーク　　　＝two ＿＿＿＿＿ of chalk

名詞・形容詞・副詞

答えは p.246

15 形容詞は名詞とお付き合い！

形容詞は名詞の性質や状態などを表すものですが，具体的な使い方は大きく3パターンです。チェックしましょう。

I was happy.

イコール / しあわせ〜

1. 形容詞は主語とイコールになる使い方(叙述用法)もありますが…。

2. 生き物でないものが文の主語であるときには，別の使われ方もします。

いいニュースくん

The good news from my friend

主語 / えっへん

Let's try!

□上下の内容が同じになるように適切な語を入れなさい。

I was happy when my friend told me the good news.

The good news from my friend (　　　) me happy.

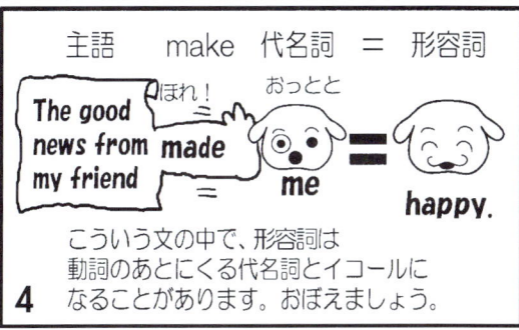

名詞・形容詞・副詞

---

3 そ〜れ！
The good news from my friend = made = me ピカ〜！ しあわせ〜！ happy.

---

4 主語　make　代名詞　＝　形容詞

ほれ！ The good news from my friend made = おっとと me ＝ happy.

こういう文の中で、形容詞は動詞のあとにくる代名詞とイコールになることがあります。おぼえましょう。

ポイント解説

形容詞の使い方

1. 名詞を修飾する。

   a useful dictionary（役に立つ辞書）

   ◆形容詞 useful が名詞 dictionary を直接修飾している。

2. 主語とイコール。

   This dictionary is useful.
   （この辞書は役に立つ）

   ◆形容詞 useful は主語 dictionary の性質を示している。dictionary＝useful が成り立つ。

3. 目的語とイコール。

   The news made me happy.
   （その知らせで私は楽しい気分になった）

   ◆形容詞 happy は目的語 me の状態を示している。me＝happy が成り立つ。

トレーニング

■ 次の各組の文が同じ内容になるように、＿＿＿＿に適当な1語を入れなさい。

1. This is a new camera.
   ＝This camera is ＿＿＿＿＿＿.

2. She has a green hat.
   ＝Her hat ＿＿＿＿＿＿ ＿＿＿＿＿＿.

3. This is an old bicycle.
   ＝This bicycle ＿＿＿＿＿＿ ＿＿＿＿＿＿.

4. She has a black cat.
   ＝Her cat is ＿＿＿＿＿＿.

5. This is a very interesting story.
   ＝This story is ＿＿＿＿＿＿ ＿＿＿＿＿＿.

■ 次の各文の空所に、日本文の意味を表す形容詞を入れなさい。

6. The bad news made me (　　　). 〈悲しい〉

7. The soccer game made us (　　　). 〈興奮した〉

8. The good news made me (　　　). 〈うれしい〉

9. The bad result made her (　　　). 〈怒った〉

10. The good news made them (　　　). 〈驚いた〉

答えは p.246

16 英語の数量表現は名詞の前で！

日本語では「CD2枚」とか「携帯（電話）4台」などと言いますが，英語では名詞の前に置くのが原則です。使い分けをチェックしましょう。

1
ほっ ほっ
じゃがいもとかは、1個2個と数えられますが
そりゃっ

2
coffee
コーヒーというもの〜
形のないものは、入れものに入れないと数えられません。
3杯のコーヒー

Let's try!

□空所に当てはまる語を入れなさい。

「ゆでたジャガイモを2，3個とバターを少しください」

Please give me a (　　　) boiled potatoes and a (　　　) butter.

名詞・形容詞・副詞

3 数えられるものが「少々ある」感じをあらわすには、「数個」a few という言い方があり…。

a few じゃがいも〜

4 いっぽう、形のないものでは「少々」a little という言い方があります。

a little バター…

5 こういうバターや　こういうバターはいかにも数えられそうに思えますが…

こんもりバター

英語ではバターの形は一定ではありません。

形容詞の使い方の注意点

1. ばくぜんとした数量の表し方

	数えられる名詞の前
多くの	**many**
少しの	**a few**
少ししかない	**few**

数えられない名詞の前
much
a little
little

◆「少しの」は肯定的意味で,「少ししかない」は否定的意味を表す。

2. everything, something, anything, nothing＋形容詞

something cold to drink

(何か冷たい飲みもの)

◆ -thing の代名詞では, 形容詞を後につけるのが原則。

トレーニング

■次の日本文の意味を表すように，英文の____に適当な1語を入れなさい。

1. 教室には生徒が2，3人いました。
   There were _____ _____ students in the classroom.
2. この村を訪れる人はほとんどいません。
   _____ people visit this village.
3. 私はけさパンを少し食べました。
   I ate _____ _____ bread this morning.
4. 池には水がほとんどありませんでした。
   There _____ _____ water in the pond.

■次の日本文の意味を表すように空所に適語を入れなさい。

5. 何か冷たいもの　　＝ something (　　　)
6. 何かあたたかい食べ物＝（　　　）hot to eat
7. 何か白いもの　　　＝ something (　　　)
8. 何か冷たい飲みもの
   ＝（　　　）cold to（　　　）
9. この部屋には食べものが何もない。
   ＝ There is（　　　）to eat in this room.

答えは p.247

名詞・形容詞・副詞

17 副詞は名詞以外とお付き合い！

　形容詞も副詞もどちらも他のものを修飾する働きが中心となりますが，副詞は数多くの「修飾先」をもっています。

1
You are too busy.
あなたは忙しすぎます。
　このtooは「〜すぎる」という意味です。

2
You are too busy.
　tooがどの言葉にかかっているか調べるには、言葉をかくしてみるといいです。

3
■■ are too busy.
■■は忙しすぎます。
　Youをかくしてもtooの意味はわかりますね。

4
You ■■ too busy.
あなたは忙しすぎ■■
　こうしても、tooの意味はわかりますね。

Let's try!

□正しく並べ換えなさい。

「あなたは忙しすぎます」
[are, busy, too, you, (.)]

名詞・形容詞・副詞

ところが…

You are too ●●●.
あなたは●すぎます。

お！too が「何すぎる」のか、意味がわからなくなりました！

このことでわかるように too は busy にかかっているのです。

5

ポイント解説

副詞の使い方（その1）

1. 動詞を修飾する。

   Judy swims fast.

   （ジュディは泳ぐのが速い）

   ◆副詞 fast「速く」が動詞 swims を修飾している。

2. 形容詞を修飾する。

   You are too busy.

   （あなたは忙しすぎる）

   ◆副詞 too「…すぎる」が形容詞 busy を修飾している。

トレーニング

■次の各組の文が同じ内容になるように，空所に適当な1語を入れなさい。

1. Paul is a fast runner.
   ＝Paul runs ＿＿＿＿＿.
2. Judy is a good swimmer.
   ＝Judy swims ＿＿＿＿＿.
3. You are a good baseball player.
   ＝You ＿＿＿＿＿ baseball ＿＿＿＿＿.
4. I am not a good speaker of English.
   ＝I cannot ＿＿＿＿＿ English ＿＿＿＿＿.

■日本文の意味を表すように，空所に適語を入れなさい。

5. You are ＿＿＿＿＿ ＿＿＿＿＿.
   （あなたはとても背が高い）
6. I am a ＿＿＿＿＿ ＿＿＿＿＿ runner.
   （私はとても遅いランナーです）
7. Tokyo is a ＿＿＿＿＿ busy city.
   （東京はとても忙しい都市だ）
8. You are ＿＿＿＿＿ ＿＿＿＿＿.
   （君はとても親切だ）

答えは p.247

名詞・形容詞・副詞

18 副詞は他の副詞ともお付き合い！

副詞の使い方をもう少し見てみましょう。

Let's try!

□上下の内容が同じになるように適切な語を入れなさい。

He is very good at dancing.
He dances (　　　) (　　　).

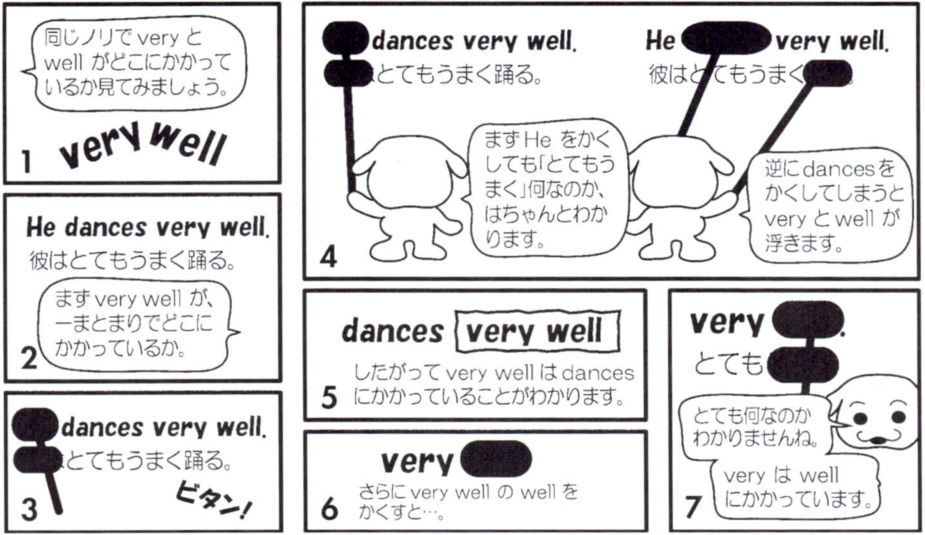

名詞・形容詞・副詞

1 very well

同じノリで very と well がどこにかかっているか見てみましょう。

He dances very well.
彼はとてもうまく踊る。

2
まず very well が、一まとまりでどこにかかっているか。

He dances very well.
彼はとてもうまく踊る。

3
dances very well.
とてもうまく踊る。

ピタッ!

4
dances very well.
とてもうまく踊る。

まず He をかくしてもとてもうまく何なのか、ちゃんとわかります。

He dances very well.
彼はとてもうまく

逆に dances をかくしていますと very と well が浮きます。

5
したがって very well は dances にかかっていることがわかります。

dances very well

6
さらに very well の well をかくすと…

very
とても

とても何なのかわかりません。

7
very は well にかかっています。

ポイント解説

副詞の使い方（その2）

1. 他の副詞を修飾する。

He dances very well.

（彼はとてもうまく踊る）

- ◆ 副詞 very「とても」が他の副詞 well を修飾している。
- ◆ 副詞 well「うまく」が動詞 dances を修飾している。

2. 頻度（ひんど）を表す副詞。

She always comes late.

（彼女はいつも遅刻する）

- ◆ **always**（いつも）, **usually**（たいてい）, **often**（しばしば）, **sometimes**（時々）, **never**（一度もない）などの頻度を表す副詞は, 一般動詞の前, そして be 動詞・助動詞・完了形の have ／ has ／ had の後ろに置くのが原則。

トレーニング

■日本文の意味を表すように，空所に適語を入れなさい。

1. He studies _____ _____ every day.
   （彼は毎日とても一生けんめい勉強します）
2. I like this flower_____ _____.
   （私はこの花が大好きです）
3. He walks _____ _____.
   （彼は歩くのがとても速い）
4. I know her _____ _____.
   （私は彼女のことはとてもよく知っています）

■次の各文に（　　）内の語を入れるとすれば，どこが適当ですか。その直前の１語を答えなさい。

5. I get up at six forty.（usually） _____

6. My father is busy.（always） _____

7. Tom helps his father.（often） _____

8. She takes a walk in the park.（sometimes）
   _____

9. The store is closed before six.（sometimes）
   _____

答えは p.247

19 動詞が変装しちゃうとき（紹介編その1）

動詞が変装して，いろいろな品詞のカタマリを作ることがあります。主に次のような形になります。

1 Do you want play tennis?
このように1つの文に2つの動詞があると。

2 Do you want play tennis?
なんだこの　やるかてめー　あわわわわ
2つの動詞がケンカしてしまいます。

3 want play はーい
なかよくしなさい！
ケンカをさけるためにはどちらかがわき役にならなくてはなりません。

Let's try!

□下線部を正しく直しなさい。

Do you want play tennis?

ポイント解説

動詞が他の品詞のカタマリに変装する場合。

1. to＋動詞の原形：名詞・形容詞・副詞に変装
   …**不定詞**

   To do your best is important.
   　　　　　（ベストをつくすことが大切だ）
   ↳ It に置きかえても通じるから名詞のカタマリ

2. 動詞の原形＋ing：名詞・形容詞・副詞に変装
   …**動名詞・現在分詞**

   I like reading French poems.
   　　（私はフランス語の詩を読むのが好きだ）
   ↳ 動名詞：it に置きかえても通じるから名詞のカタマリ

   Look at the sleeping baby.
   　　　　　（眠っている赤ちゃんを見て）
   ↳ 現在分詞：big などに置きかえても通じるから形容詞

3. 動詞の原形＋ed：形容詞・副詞に変装
   …**過去分詞**

   Look at that broken window.
   　　　　　（あの割れている窓を見て）
   ↳ 過去分詞：big などに置きかえても通じるから形容詞

トレーニング

■次の各文の空所に入る正しい方を選びなさい。

1. Jun likes to (watch / watches) TV.
2. I want (am / to be) an astronaut.
3. Nara has a lot of places (seeing / to see).
4. Kumi often enjoys (playing / to play) lacrosse.
5. The girls (playing / plays) lacrosse are my classmates.

■次の各文の下線部の日本語訳を答えなさい。

6. To have a lot of friends is good.

   _____

7. It's time to go to bed.   _____

8. We went there to play baseball.

   _____

9. He stopped eating and stood up.

   _____

10. Tom is an American student studying at our school.

    _____

答えは p.248

20 動詞が変装しちゃうとき（紹介編その2）

〈動詞の原形＋ed〉の形には，動詞の過去形・過去分詞形があります。文中での位置が重要なポイントになります。

Let's try!

□空所に当てはまる語を入れなさい。

「これは多くの若者たちに愛されている歌だ」

This is a song (　　　) by a lot of young people.

不定詞(1)／動名詞

This is a song.
これは歌です。

これら2つの文を1つにまとめたいですね。

This song is loved by a lot of young people.
1 この歌は多くの若い人に好かれています。

ム！ム！ライバル！

This is a song is loved by a lot of young people.

でもムリにくっつけると…

動詞どうしてケンカしちゃいヤバイです。

2

This is a song loved by a lot of young people.

そこで、あとのほうの動詞isをとってほしまず。

残ったlovedだけで好かれているを表します。

過去分詞であって、過去形じゃないよ。

3

ポイント解説

1. 動詞の原形＋ed ←動詞の**過去形**の場合

   A famous painter painted the picture.
   (ある有名な画家がその絵を描いた)

   ◆主語の後にくることに注目。

2. 動詞の原形＋ed ← be 動詞と共に使われる場合（**過去分詞**）

   The picture was painted by a famous painter.
   (その絵は有名な画家によって描かれた)

   ◆be 動詞と共に用いて受け身を表す。have / has / had と共に用いると完了形を表す。

3. 動詞の原形＋ed ←名詞を修飾する場合

   （**過去分詞**）

   This is the picture painted by a famous painter.
   (これは有名な画家によって描かれた絵だ)

   ◆直前の名詞 the picture を修飾している。

トレーニング

■ 次の各文の準動詞（不定詞・分詞・動名詞）を含むカタマリに下線をひきなさい。

1. My friend will come here to see me.
2. I know the man talking to my father.
3. I have a letter written in English.
4. The boy wearing a cap plays baseball well.
5. My uncle has a car made in Germany.

■ 次の各文の下線部の誤りを直しなさい。

6. Look at the woman sits under that tree.
   (   )
7. I know the man talks to Jim. (   )
8. The boys live here are kind. (   )
9. Who is the girl plays the flute over there?
   (   )
10. Jim is an American student studies at our school. (   )

答えは p.248

21 動詞が変装しちゃうとき（名詞編その1）

　動詞の原形（何も変化していない元の形）の前に **to** をつけると，いろいろな品詞のカタマリに変装することができます。まずは名詞に変装！

1　☐ is a lot of fun.

「☐ はとても面白い」という文ですね。

☐ の中にはいろいろなモノが入れられます。

2　ここに「ニンテンドー Wii で遊ぶ」というのを入れたいのだけど…。

☐ is a lot of fun.

play with a Nintendo Wii

よっこらしょ

Let's try!

☐ 日本語に直しなさい。

To play with a Nintendo Wii is a lot of fun.

---

3 Play with a Nintendo Wii is a lot of fun.

あわわわ

またまたケンカが始まりそう…。

1つの文には動詞は1つだけですからね〜。

4 To play with a Nintendo Wii is a lot of fun.

ホッ

そこで「play」にわき役マークの「to」をもってもらいました。

これで「ニンテンドーWiiで遊ぶ」全体が「不定詞」というわき役になりました。

不定詞(1)／動名詞

ポイント解説

to＋動詞の原形（不定詞）：名詞用法
「…すること」

● **主語**：「…することは(が)」

To e-mail him at once is necessary.
（彼に e メールをすぐに送ることが必要だ）

◆ 主語なので to＋動詞の原形が文頭にある。
◆ 主語が長い場合には It を仮の主語とし，to＋動詞の原形のカタマリを後ろに置く。

→ **It** is necessary <u>**to e-mail**</u> him at once.

トレーニング

■ 次の各文を日本語に訳しなさい。

1. To tell a lie is wrong.

   _____

2. To speak English is not easy.

   _____

3. To live in a big city is difficult.

   _____

4. To listen to classical music is pleasant.

   _____

■ 次の日本文の意味を表すように，〔　〕内の語を並べ換えなさい。

5. メアリーは皿を洗いはじめました。
   Mary〔dishes, wash, the, to, began〕.

   Mary_____

6. トムは本を読むのが好きです。
   〔read, to, Tom, likes, books〕.

   _____

7. 英語を話すことは私たちにはやさしい。
   〔English, is, for, easy, to, speak, us〕.

   _____

不定詞(1)／動名詞

答えは p.248

22 動詞が変装しちゃうとき（名詞編その2）

to＋動詞の原形を「…すること」と訳す場合でも文中の位置はさまざまです。

I want ☐

1. こんどは、「私は☐がしたい」という文ですね。
さっきのは主語が☐でしたが、こんどは目的語が☐です。

ここに「将来宇宙飛行士になる」というのを入れてみましょう

I want ☐

2. be an astronaut in the future

よっこらしょ

Let's try!

□ 空所に当てはまる語を入れなさい。

I want to be an astronaut in the future.

「私は将来宇宙飛行士に（　　　）」

不定詞(1)／動名詞

3　I want to be an astronaut in the future.

to　やっぱり to マークをもってもらって、わき役(不定詞)になってもらう必要があります。

4　私は 将来宇宙飛行士になること がしたい。

日本語でもこういう時は「こと」というのを使いますね。

「こと」も「to」もべんりな「わき役マーク」です。

ポイント解説

to＋動詞の原形（不定詞）：名詞用法
「…すること」

●**目的語**：「…することを」

She tried to cheat me.
（彼女は私をだますことを試みた→彼女は私をだまそうとした）

◆ 目的語とは，①原則として動詞の直後の
　　　　　　　②前置詞のついていない
　　　　　　　③主語とイコールにならない(代)名詞

●**補語**：「…すること（である）」

His aim is to become a movie star.
（彼の人生の目的は映画スターになることだ）

◆ 補語とは，①原則として動詞の直後の
　　　　　　②主語とイコールになる(代)名詞・形容詞

トレーニング

■ 日本文の意味を表すように空所に適語を入れなさい。

1. 私の趣味は絵を描くことだ。

   My hobby is (　　　) (　　　) pictures.

2. 私の夢はパリへ行くことだ。

   My dream is (　　　) (　　　) to Paris.

3. 彼の仕事はバスを運転することだ。

   His work is (　　　) (　　　) a bus.

4. 彼女の趣味はピアノを弾くことだ。

   Her hobby is (　　　) (　　　) the piano.

5. 私の仕事は英語を教えることだ。

   My work is (　　　) (　　　) English.

■ 次の各英文を下線部に注意して日本語に訳しなさい。

6. I <u>want to study</u> Japanese history.

_____

7. She <u>wants to drink</u> a cup of tea.

_____

8. Bill <u>likes to sing</u> a song.

_____

9. May <u>began to play</u> the piano.

_____

不定詞(1)／動名詞

答えは p.249

23 動詞が変装しちゃうとき(名詞編その3)

〈動詞の原形＋ing〉もいろいろな品詞のカタマリに変装することができます。ここでもまずは名詞に変装する場合から！

Let's try!

□上下の内容が同じになるように適切な語を入れなさい。

He drives a bus. It is his work.

(　　　) a bus is his work.

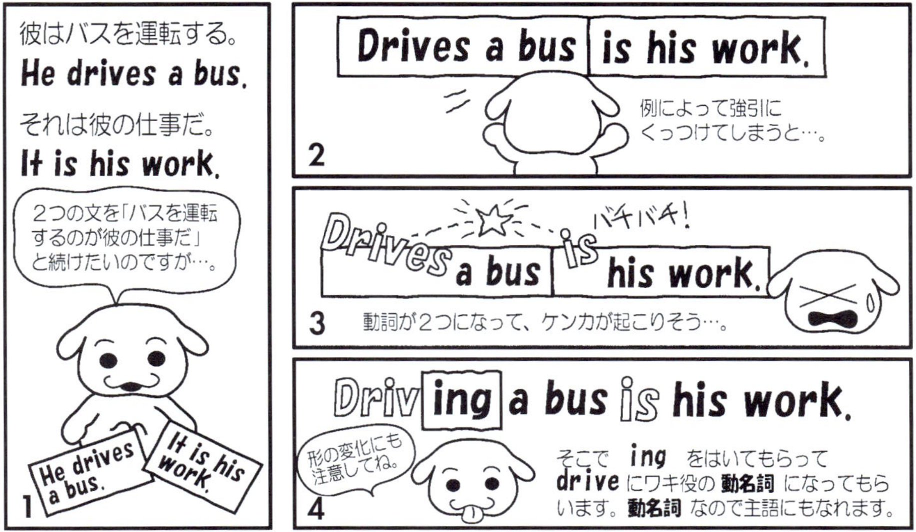

不定詞(1)／動名詞

1
彼はバス運転する。
He drives a bus.
それは彼の仕事だ。
It is his work.

2つの文を「バスを運転するのが彼の仕事だ」と続けたいのですが…

He drives a bus.
It is his work.

2
Drives a bus is his work.

側によって強引にくっつけてみると…

3
Drives a bus is his work.
バキバキ！

動詞が2つになって、ケンカが起こりそう…

4
Driving a bus is his work.

形の変化にも注意してね。

そこで ing をはいてもらって drive にワキ役の動名詞になってもらっています。動名詞なので主語にもなれます。

ポイント解説

動詞の原形＋ing（動名詞）：
「…すること」（その1）

●**主語**：「…することは」

Driving a bus is his work.
（バスを運転するのが彼の仕事だ）

●**目的語**：「…することを」

I like reading French poems.
（私はフランス語の詩を読むのが好きだ）

●**補語**：「…すること（である）」

My hobby is listening to classical music.
（私の趣味はクラシック音楽を聞くことだ）

◆ to＋動詞（不定詞）は原則として〈これからのこと〉に用い，動詞の原形＋ing（動名詞）は〈いつものこと〉に用いる。

トレーニング

■次の各文の_____に，それぞれ下の日本文の意味に合うように適当な1語を入れなさい。

1. _____ baseball is a lot of fun.
   （野球をすることはとても楽しい）

2. _____ up early is not easy for me.
   （朝早く起きることは私にとってやさしくない）

3. _____ old coins is Tom's hobby.
   （古いコインを集めるのがトムの趣味だ）

4. _____ a model car is interesting.
   （車の模型を作ることはおもしろい）

5. _____ English is very important.
   （英語を学ぶことはとても大切なことです）

■次の各文の（　）内の語を適当な形(1語)に直しなさい。

6. I like (*take*) pictures. _____

7. They started (*run*) to the station. _____

8. The girl began (*sing*) a song. _____

9. He finished (*write*) a letter to his friend. _____

10. May enjoyed (*play*) the piano. _____

不定詞(1)／動名詞

答えは p.249

24 動詞が変装しちゃうとき（名詞編その4）

inとかonとかaboutとか，後に名詞を置く仲間を前置詞といいます。前置詞の後にはto＋動詞の原形は置けません。

Let's try!

□適切なものを1つ選びなさい。

How about (　　　) tea?

① have
② having
③ to have

95

不定詞(1)／動名詞

1

How about ＿＿ ?

How aboutというのは、〜(は)いかが？ という言い方です。

ケーキはいかが？

How about a cake?

2

How about have tea ?

ここで「お茶を飲むこと」というのを入れたいですが、やはり動詞のままではまずいです。

前置詞のあとに動詞はおけません。

そこで ing をはかせて…。

How about having tea ?

3

日常会話でよく使える表現です。

4

ゴルフはいかが？のとき、ドライブはどう？とかいうとき、

How about golf?
How about drive?

などと言わずに、ちゃんと ing を入れましょう。

How about playing golf?

ポイント解説

動詞の原形＋ing（動名詞）：「…すること」（その２）

● 前置詞の後

- ○ How about **having** tea?
  （お茶〈を飲むこと〉はいかがですか）
- × How about <u>to have</u> tea?
- × How about <u>have</u> tea?

トレーニング

■ 次の各文の_____内の語を適当な形に直しなさい。

1. How about (*listen*) to the tape? _____
2. I'm not good at (*speak*) English. _____
3. Thank you very much for (*send*) me the nice pictures. _____
4. I wash my hands before (*eat*). _____
5. My sister is fond of (*watch*) football games. _____

■ 次の各組の文がほぼ同じ内容になるように、_____に適当な1語を入れなさい。

6. { I like to sing songs.
   { I like _____ songs.

7. { I like to write a story.
   { I am fond of _____ a story.

8. { Frank can play the violin very well.
   { Frank is very good _____ _____ the violin.

9. { Shall we go on a picnic tomorrow?
   { How _____ _____ on a picnic tomorrow?

不定詞(1)／動名詞

答えは p.250

25 動詞が変装しちゃうとき（形容詞編その1）

〈to＋動詞の原形〉が直前の名詞を修飾して形容詞のカタマリに変装する場合があります。チェックしてみましょう。

1
Kumi has time.
クミには時間がある。
「no」とはとてもベンリなことばです。

2
Kumi has [no] time.
クミには時間がない。 ピタ
はりつけると、文の意味がアッサリ否定になります。

3
Kumi has no time.
Kumi does her homework.
クミは宿題をする。
さらにこの文の意味をくっつけたい…。

Let's try!

□適切なものを1つ選びなさい。

Kumi has no time (　　　) her homework.

① did　　② do　　③ to do

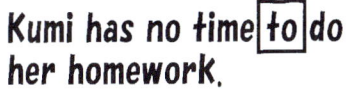

Kumi has no time. do her homework.

こうやって強引にくっつけてしまうと動詞のhasとdoがケンカしちゃいそうです。

ではどうするか

そこで例によってこれを。

to

4

Kumi has no time to do her homework.

クミには宿題をする時間がない。

できあがり〜！やり方わかりました？

5

不定詞(2)・現在分詞・過去分詞

ポイント解説

to＋動詞の原形（不定詞）：形容詞用法

Kumi has no time to do her homework.
(クミには宿題をする〈ための〉時間がない)

◆ 形容詞の働きをする不定詞は名詞の直後に置かれる。

◆ 訳し方が決まっているわけではないので，直前の名詞につなげて訳す。

トレーニング

■ 次の例を参考にして，日本文の意味を表す英文を完成しなさい。

〈例〉 read <u>books</u> → <u>books</u> to read

1. 京都にはたくさんの見るべきものがあります。
   (see <u>many things</u>)

   There are _____.

2. 彼女には世話をしなければならない3人の子どもがいる。　(take care of <u>three children</u>)

   She has _____.

3. 彼らは住むための家をほしいと思っている。
   (live in <u>a house</u>)

   They want _____.

■ 次の日本文の意味を表すように，(　　) 内の語を並べ換えなさい。

4. 私に何か食べ物をください。

   Please give me (to, something, eat).

   _____

5. 彼には今日するべきたくさんのことがある。

   He has (lot, things, do, a, to, of) today.

   _____

答えは p.250

26 動詞が変装しちゃうとき(形容詞編その2)

〈to＋動詞の原形〉が形容詞のカタマリに変装する場合の続きです。～thing（～なもの）という代名詞の後ろにつくことも多いのでチェックします。

1
The girl had no clothes for the festival.
その少女はお祭りに着ていくものがなかった。

「no」をくっつけて否定の意味を作るのは前と同じ。

2
The girl had no clothes for the festival.

さらにこの「no clothes」のかわりに、nothing「なにもない」というコトバを使う手もあります。

nothing

Let's try!

□上下の内容が同じになるように適切な語を入れなさい。

The girl had no clothes for the festival.

The girl had nothing to (　　　) for the festival.

The girl had nothing for the festival.
その少女はお祭りのためのものが何もなかった。

これだと「着ていく」という意味がおちてしまうので、「着ていく」という説明のコトバをつけます。

to wear

The girl had nothing to wear for the festival.
その少女はお祭りに着ていくものが何もなかった。

英語では〜thing というコトバに形容詞をつける時は、後ろにつけるのでおぼえておきましょう。

不定詞(2)／現在分詞・過去分詞

ポイント解説

something, anything, nothing（〜なもの／こと），somebody, anybody, nobody（〜な人）などは，ふつう形容詞を後に置く。

something to drink
（飲みもの）

something cold to drink
（冷たい飲みもの）

トレーニング

■ 次の各日本文の意味を表すように，（ ）に適当な1語を入れなさい。

1. 私は読む本がほしい。
   I want a book (　　　) (　　　).

2. 京都には訪れたい場所がたくさんあります。
   There are a lot of places (　　　) (　　　) in Kyoto.

3. 何か冷たい飲みものをください。
   Please give me (　　　) (　　　) (　　　) drink.

4. 私はあなたに言いたいことがあります。
   I have something (　　　) (　　　) to you.

■ 次の各文の〔　〕内の語句を並べ換えて，日本文の意味に合うようにしなさい。

5. 〔a doll, her, is, give, here, to〕.
   ここに彼女にあげる人形があります。

   _____

6. 〔looking, to, for, with, they, someone, are, talk〕.
   彼らは話し相手を探しています。

   _____

7. 〔do, many, she, to, today, things, has〕.
   彼女は今日するべきことがたくさんあります。

   _____

答えは p.250

27 動詞が変装しちゃうとき（動詞の原形＋ingその1）

〈動詞の原形＋**ing**〉の形にもいくつかの使い方があります。文中での位置だけでなく訳し方も大切です。

Let's try!

□下線部の違いに注意して日本語に直しなさい。

My job is taking pictures of wonderful views.

My father is taking pictures of the wonderful view.

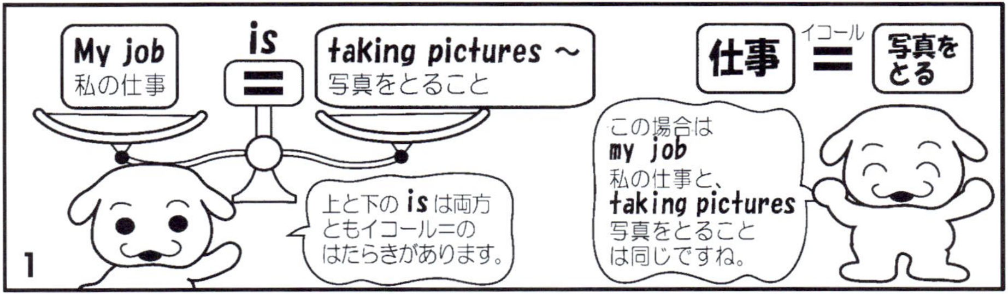

不定詞(2)／現在分詞・過去分詞

1

My job 私の仕事
is =
taking pictures ～ 写真をとること

上と下の is は両方ともイコールのはたらきがあります。

この場合は
my job 私の仕事 と
taking pictures 写真をとること
とは同じですね。

仕事 = 写真をとる
イコール

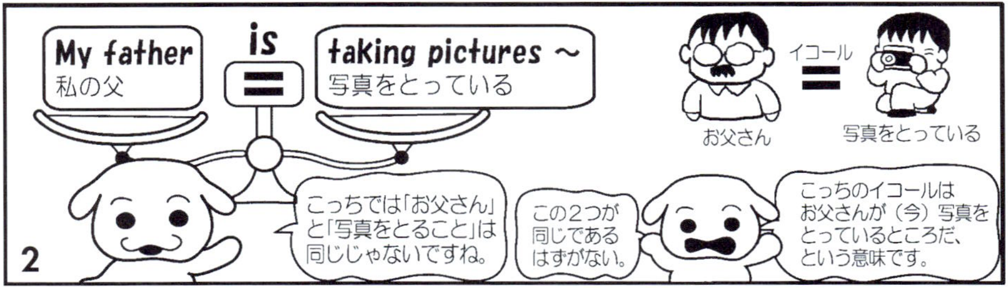

2

My father 私の父
is =
taking pictures ～ 写真をとっている

こっちでは「お父さん」と「写真をとること」は同じじゃないですね。

この2つが同じであるはずがない。

お父さん ≠ 写真をとっている
イコール

こっちのイコールは お父さんが(今)写真をとっているところだ という意味です。

ポイント解説

いろいろな〈動詞の原形＋ing〉

1. **動詞の原形＋ing（動名詞）**：「…すること」
   ◆ 第23, 24項を参照。

2. **動詞の原形＋ing（現在分詞）**：「…している」
   ◆ be 動詞と共に使うと進行形（動作のまっ最中）となる。
   ◆ どちらの使い方なのかは，文全体から判断する。

トレーニング

■ 次の各文を，下線部に注意して日本語に直しなさい。

1. The boy is running in the park.

   _____

2. Look at the running boy.

   _____

3. Do you know the boy running with a dog?

   _____

4. The girl singing a song is Ellen.

   _____

■ 次の英文を日本語に直しなさい。

5. Look at the people waiting for buses.

   _____

6. The girl playing the piano is a friend of mine.

   _____

7. Ms. Jones is driving a car.

   _____

8. Making cakes is easy for Kate.

   _____

9. My hobby is drawing pictures.

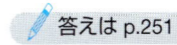

   _____

不定詞(2)／現在分詞・過去分詞

答えは p.251

28 動詞が変装しちゃうとき（動詞の原形＋ing その2）

〈動詞の原形＋ing〉ではじまるカタマリが，名詞を説明（＝修飾）する場合があります。見てみましょう。

Let's try!

□上下の内容が同じになるように適切な語を入れなさい。

She spoke to the boy who was lying on the grass.

She spoke to the boy (　　　) on the grass.

She spoke to the boy who was lying on the grass.
彼女は草の上に寝ている少年に話しかけた。

1

このboyを説明する部分には、主語Sと動詞Vがあります。こういうのは節といいます。

S = who
V = was lying

She spoke to the boy lying on the grass.
彼女は草の上に寝ている少年に話しかけた。

2

こっちは、言っていることはまったく同じでも、一言ですませていて、主語Sと動詞Vがありません。これは句といいます。

不定詞(2)／現在分詞・過去分詞

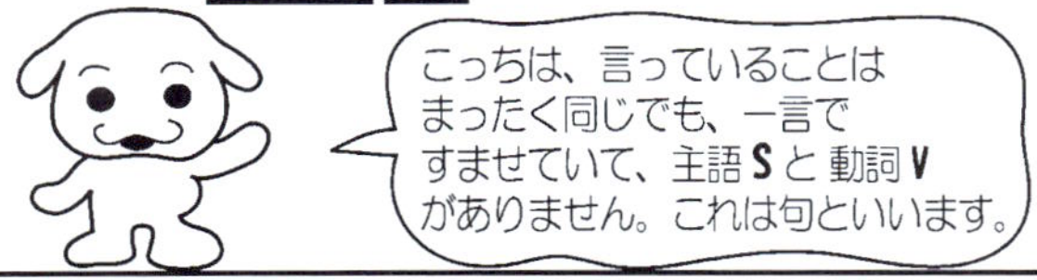

ポイント解説

名詞を修飾する〈動詞の原形＋ing〉(現在分詞) の位置

動詞の原形＋ing(現在分詞)が形容詞として名詞を修飾する場合,(分詞)1語だけなら名詞の前,2語以上なら名詞の後ろが原則。

1. 分詞 **1語**だけが名詞を修飾する場合
   〈分詞＋名詞〉
   the sleeping boy　(眠っている少年)

2. 動詞の原形＋ing (現在分詞) ではじまるカタマリ (**2語以上**) が名詞を修飾する場合
   〈名詞＋分詞ではじまるカタマリ〉
   the boy lying on the grass
   　　　　　　　形容詞句
   　　　(草の上に横になっている少年)

トレーニング

■ 次の各文の適当な位置に（　）内の語句を入れて，全文を書き換えなさい。

1. She looked at the baby. (sleeping)
   _____.

2. The boy is Fred. (taking pictures)
   _____.

3. That bird is a swallow. (flying)
   _____.

4. Who is that man? (running in the field)
   _____.

■ 次の日本文の意味を表すように，英文の_____に適当な1語を入れなさい。

5. 大きなかばんを運んでいる少年は私の兄です。
   The boy _____ a _____ _____ my brother.

6. 車を運転している人はスミスさんです。
   The man _____ a _____ _____ Mr. Smith.

7. あの笑っている少年をごらんなさい。
   _____ _____ _____ _____ boy.

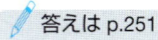

答えは p.251

不定詞(2)／現在分詞・過去分詞

29 動詞が変装しちゃうとき（動詞の原形＋ed その1）

第20項で見たように，〈動詞の原形＋ed〉と言っても，使い方はいろいろですし，活用もさまざまです。

1

The language is spoken in Argentina.
その言葉はアルゼンチンで話されている。

The language is Spanish.
その言葉はスペイン語だ。

> この2つの文を合体させてみましょう。

> "アルゼンチンで話されている言葉はスペイン語だ" にします。

2

The language is spoken in Argentina　is Spanish.

> 下の文の主語のところに上の文をムリに押し込んでしまうと…。

Let's try!

□下線部を正しく直しなさい。

The language <u>is spoken</u> in Argentina is Spanish.

ポイント解説

一般動詞の活用

原　形	過去形	過去分詞	意　味
call	called	called	呼ぶ
live	lived	lived	暮らす
speak	spoke	spoken	話す
know	knew	known	知っている
show	showed	shown	見せる
swim	swam	swum	泳ぐ
	動詞の過去形。	be 動詞や have などと用いる。名詞を修飾。	

トレーニング

■次の各文の（　）内の語を適当な形に換えなさい。

1. The store is (*open*) at ten every morning.

2. She has already (*have*) dinner.　_____
3. Look at that (*paint*) wall.　_____
4. I bought a camera (*make*) in Germany.

5. That is the library (*build*) last year.　_____

■次の各文の（　）内から、適当なものを選びなさい。

6. June is (writing / written) a letter in French.
7. Has Judy (writing / written) the letter yet?
8. This letter was (writing / written) by Judy.
9. Is this the letter (writing / written) in French?
10. This letter was not (writing / written) in English.

不定詞(2)／現在分詞・過去分詞

答えは p.251

30 動詞が変装しちゃうとき（動詞の原形＋ed その2）

　これまで見てきたように，〈動詞の原形＋ed〉も名詞を説明（＝修飾）することができます。

---

1 This is the report.
これがそのレポートだ。
Sayaka wrote it.
サヤカがそれを書いた。

こういう2つの文をくっつけてみましょう。

---

2 This is the report. Sayaka wrote it.

まず report の後ろに押しこんで。

ムギュ

---

3 This is the report Sayaka wrote.

This と it が重複するので，it をとっちゃいます。

チョキン

---

4 This is the report Sayaka wrote.
　　　　　　　　　　　　　　S　　　V

後ろの部分にも主語Sと動詞Vがあります。

Let's try!

□上下の内容が同じになるように適切な語を入れなさい。

This is the report Sayaka wrote.
This is the report (　　　) by Sayaka.

This is the report.
これがそのレポートだ。

The report is written by Sayaka.
5　そのレポートはサヤカによって書かれた。

こんどはこういう2つの文をくっつけてみましょう。

This is |the report.|
|The report| is written by Sayaka.
6

the report ということばが共通でありますね。

This is |The report| is written by Sayaka.
7

このコトバをのりしろにしてくっつけます。

This is |the report| written by Sayaka.
8

よぶんな動詞の is を取ってできあがり。

後ろの部分に主語 S がないのでこれは句です。

不定詞(2)／現在分詞・過去分詞

ポイント解説

名詞を修飾する〈動詞の原形＋ed〉（過去分詞）の位置

1. 過去分詞 **1 語**だけが名詞を修飾する場合。
   〈過去分詞＋名詞〉

   spoken language

   （話されている言葉→話し言葉）

2. 過去分詞ではじまるカタマリ（**2 語以上**）が名詞を修飾する場合。
   〈名詞＋過去分詞ではじまるカタマリ〉

   This is a symphony composed by Mozart.

   （これはモーツァルトによって作曲された交響曲です）

トレーニング

■次の各文を，下線部に注意して日本語に直しなさい。

1. English <u>is spoken</u> in a lot of countries.
   _____

2. She <u>has</u> already <u>written</u> her report.
   _____

3. He read a book <u>written</u> by Dr. Yukawa.
   _____

4. My uncle has a car <u>made</u> in Italy.
   _____

■次の各組の上下の文がほぼ同じ内容になるように，____に適当な1語を入れなさい。

5. { Her bag was made in France.
     ____ has a bag ____ ____ ____.

6. { French is spoken in this country.
     The language ____ in this country ____ ____.

7. { Here is a letter. My uncle wrote it.
     Here is a letter ____ ____ my uncle.

8. { Here are some pictures. Grace took them.
     Here are some pictures ____ ____ Grace.

不定詞②／現在分詞・過去分詞

答えは p.252

31 動詞が変装しちゃうとき（副詞編その1）

〈to＋動詞の原形〉が文中の動詞を説明する副詞のカタマリに変装する場合があります。チェックしましょう。

I worked hard to finish the job.
私はその仕事を終えるために懸命に働いた。

> この to finish the job が、どの語にかかっているか調べてみましょう。

1

I worked ■ to finish the job.
私はその仕事を終えるために■働いた。

■ worked hard to finish the job.
■その仕事を終えるために懸命に働いた。

> "hard" や "I" をかくしても "to finish the job" は、浮きません。

2

Let's try!

不定詞(3)／現在分詞

□空所に当てはまる日本語を入れなさい。

I worked hard to finish the job.

「私はその仕事を（　　　　　）懸命に働いた」

I ▇▇▇ hard to finish the job.
私はその仕事を終えるために懸命に▇▇。

ところが worked をかくすと、「その仕事を終えるためにどうしたのか、わかりません。

3

to finish the job

ですからこの、to finish the job は worked にかかっています。

4　I worked hard.

ポイント解説

to＋動詞の原形(不定詞)：副詞用法(目的)

He visited Italy to study opera.

(彼はオペラの勉強をするためにイタリアを訪れた)

◆ to study opera が動詞 visited の目的(「～するために（…する)」)を表している。

トレーニング

■次の英文の意味を表すように，空所に適切な日本文を入れなさい。

1. He studied for five hours a day to pass the examination.

    彼は（　　　　　　　　）1日5時間勉強した。

2. I left home early this morning to catch the first bus.

    私は（　　　　　　　　）今朝早く家を出た。

3. She got up at five to do her homework.

    彼女は（　　　　　　　　）5時に起きた。

■次の日本文の下線部を英語に直すとき，＿＿＿に適語を入れなさい。

4. 私たちは生きるために食べます。

    We eat ＿＿＿＿＿＿ ＿＿＿＿＿＿.

5. おじさんは日曜日には私たちに会いに来ます。

    Our uncle comes ＿＿＿＿＿＿ ＿＿＿＿＿＿ ＿＿＿＿＿＿ on Sundays.

6. 彼はタバコを吸うために立ちどまった。

    He stopped ＿＿＿＿＿＿ ＿＿＿＿＿＿.

答えは p.252

32 動詞が変装しちゃうとき（副詞編その2）

〈to＋動詞の原形〉が副詞のカタマリに変装する別の場合をチェックします。

I am happy to hear that.
私はそれを聞いてうれしい。

> このto hear thatは何にかかっているか調べましょう。

1

● am happy to hear that.
●はそれを聞いてうれしい。

> 私と"I"をかくしても「それを聞いてどうだったのか」ちゃんとわかりますね。

ということは、to hear that は I にかかっているわけではないんですね。

2

Let's try!

□ 正しく並べ換えなさい。

「私はそれを聞いてうれしい」

[am, happy, hear, I, that, to, (.)]

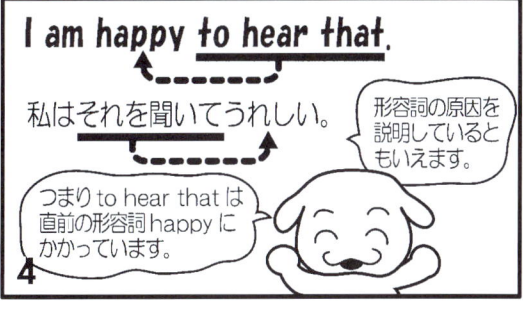

不定詞(3)／現在分詞

I am ▇▇▇ to hear that.

私はそれを聞いて▇▇▇

ところがこんな風に"happy"「うれしい」をかくすと…。

私がそれをきいて、で、どうだったの？と突っ込みたくなります。

3

I am happy to hear that.

私はそれを聞いてうれしい。

つまり to hear that は直前の形容詞 happy にかかっています。

形容詞の原因を説明しているともいえます。

4

ポイント解説

to＋動詞の原形（不定詞）：副詞用法
（感情の原因・理由）

I'm glad to hear the news.

（私はそのニュースを聞いてうれしい）

◆ to hear the news が形容詞 glad の原因・理由（〜して…）を表している。

トレーニング

不定詞(3)／現在分詞

■次の文の（　）内から適当な語を選びなさい。

1. He studied hard (passed / to pass) the exam.
2. She hurried to the station (catching / to catch) the last train.
3. We went to New York (saw / to see) our uncle.
4. Please come (see / to see) me tomorrow.
5. He came to my house (helping / to help) me.

■次の日本文の意味を表すように，（　）内の語句を並べ換えなさい。

6. 彼はよい車を手に入れて喜んでいる。
   He is happy (get, a, good, car, to).

   _____

7. 彼女はあなたの手紙を読んで喜ぶでしょう。
   She will be glad (your, read, to, letter).

   _____

8. 彼は真実を知って驚いた。
   He (truth, to, surprised, know, the, was).

   _____

答えは p.253

33 英語は頭デッカチが大キライ!

不定詞が名詞に変装して主語になる(第21項)と,主語のカタマリだけが頭デッカチになってしまいます。そこで……。

---

to travel abroad
海外旅行すること

expensive
お金がかかる

> これを主語にして「海外旅行はお金がかかる」という文を作ってみます。

1

　　　S　　　　　　 V　　C
To travel abroad is expensive.

> フツーに作ればこうなりますが…。

2

Let's try!

不定詞(3)／現在分詞

□正しく並べ換えなさい。

「海外旅行はお金がかかります」

[abroad, expensive, is, it, to, travel, (.)]

---

3 To travel abroad is expensive.

ゴッ

これはバランスが悪い！

英語では主語が長〜くて、頭でっかちなのは嫌われます。

---

4 It is expensive to travel abroad.

it はいわば、後ろの主語の出店です。

そこで仮主語 it という軽いものを文の先頭において本当の主語は後ろにおく、という風にします。

ポイント解説

It を主語に用いる表し方（形式主語構文）

<u>It</u> is expensive <u>to buy</u> a BMW.

（BMW を買うのはお金がかかる）

◆ It は to buy a BMW という真の主語の代わりに用いられる仮の主語（**形式主語**ともいう）。

◆ 真の主語には〈to ＋動詞の原形〉以外に that 節などもある。

トレーニング

不定詞(3)／現在分詞

■ 次の各文を例にならって書き換えなさい。

〈例〉 To read French is diffcult.
→ It is diffcult to read French.

1. To answer this question is diffcult.
   _____

2. To watch television is fun.
   _____

3. To swim in the sea is easy for me.
   _____

■ 次の日本文の意味を表すように，英文の_____に適当な1語を入れなさい。

4. 彼女に何をあげたらいいか，だれか知っていますか。

   _____ anyone know _____ _____ her?

5. どこへ行ったらよいか彼にたずねたほうがよい。

   You had better ask him _____ _____.

6. 彼女は母親に何時に帰宅すべきかたずねました。

   She asked her mother _____ _____ _____ come home.

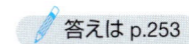

答えは p.253

34 英語は左から右に見ていくとわかりやすい！

左から右に見ていくといっても、いつも「?」を持ちながら見ていくのです。例えば……。

つかれ すぎて 宿題を終えられなかった。

こういう内容を言い表すのに下のようなカタチを使います。

S + V too ▓▓ to ☐

▓▓ すぎて ☐ できなかった。

too の後ろには「何すぎた」のかを書きます。

to の後ろにはその結果「何が」できなかったのかを書きます。

1

Let's try!

不定詞(3)／現在分詞

□上下の内容が同じになるように適切な語を入れなさい。

Yesterday I was very tired, so I couldn't finish my homework.

Yesterday I was (　　　　) tired (　　　　) finish my homework.

I was too [weak] to [win].
[弱]すぎて[勝て]なかった。

I was too [heavy] to [run].
[重]すぎて[走れ]なかった。

I was too [tall] to [enter].
[高]すぎて[入れ]なかった。

> パターンですからいろいろあてはめてみて、使えるようになりましょう。

2

ポイント解説

too 〜 to ... 構文

I was too tired to stand up.
(私は疲れすぎて立ちあがれなかった)

◆ I was too tired.「私は疲れすぎた」
　　　↓
　（どういう風に？）
　　　↓
　to stand up「立ち上がるには」

◆ このようにカタマリごとに区切って「?」を持ちながら見ていくとわかりやすい。

トレーニング

不定詞(3)／現在分詞

■次の各文を，下線部に注意して日本語に直しなさい。

1. You are <u>too young to drive</u> a car.

2. It is <u>too cold to go</u> out.

3. He is <u>too poor to buy</u> it.

4. The milk is <u>too hot to drink</u>.

■次の〔　〕内の語を並べ換えて，正しい英文にしなさい。

5. Jack's mother 〔him, get, told, to, earlier, up〕.

6. They 〔run, tired, to, were, too〕 after the bus.

7. It 〔difficult, her, wasn't, speak, for, to〕 French.

8. Look 〔by, at, picture, that, painted, Picasso〕.

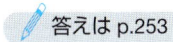

答えは p.253

35 英語は左から右に，カタマリごとにとらえられるとよい！

　左から右にとらえていくといっても，カタマリごとに区切って見ないと，単なる単語の意味の羅列になってしまいます。

1. Look at the panda
バス停に単語くんたちが並んでいます。

2. Look at the panda sleeping
そこへ panda の友だちの，sleeping が来ました。

Let's try!

不定詞(3)／現在分詞

□適切なものを1つ選びなさい。

Look at the panda (　　　) in the room.

① sleep　② sleeping　③ slept

3
(BUS)
え－？ ども オレのともだち！
Look at the sleeping panda.

sleeping は panda を修飾する友だちなので、列にわりこんでもいいようです。

4
(BUS)
ダメ！
Look at the panda sleeping in the room.

ところが形容詞が2人づれ以上だと割り込みはダメ。

そこで形容詞くんたちは、panda の後ろに入ります。

ポイント解説

単語をカタマリでつかまえよう!

Look at the panda sleeping in the room.
　（その部屋で眠っているパンダを見なさい）

Look at the panda / sleeping in the room.
「そのパンダを見なさい」
　→「その部屋で眠っている」

◆以前に学習したように，カタマリで区切れるようになるには，句や節がカタマリで見えることが大切。

トレーニング

不定詞(3)／現在分詞

■ 次の各文の（　）内の語を適当な形に換えなさい。

1. Frank bought a new camera (*make*) in Japan.

2. Do you know the man (*sit*) on the bench?

3. We enjoyed (*talk*) with the foreigners yesterday.

4. Here is a letter (*write*) in French.

5. The bus (*run*) through the village was very old.

■ 次の各文の不定詞は何用法か答えなさい。

6. I haven't had any time <u>to read</u> books. (　　　)

7. Jim went to the station <u>to meet</u> his uncle. (　　　)

8. It began <u>to rain</u> late at night. (　　　)

9. They smiled <u>to see</u> the little girl's dance. (　　　)

10. She was happy <u>to hear</u> that. (　　　)

✎ 答えは p.254

36 notは自分の後ろを打ち消す！

英語にはさまざまな否定表現があります。ここでは，その代表選手の not について見てみましょう。

1
Our teacher told us.
先生は僕たちに言った。

We are not noisy.
僕たちはうるさくしない。

この2つの文をくっつけて1つの文にします。

2
Our teacher told us.

We are not noisy.

例によって to をつけて動詞でなくしてしまうわけですが…。

Let's try!

□適切なものを1つ選びなさい。

Our teacher told us (　　　) noisy.

① not be

② not to be

③ to not be

不定詞(3)／現在分詞

さーこまったこまった、これは否定です…。

否定だからな〜

to are not noisy
to aren't noisy
to be not noisy
to not be noisy

否定の意味のもたせ方がむずかしい。

不定詞は形を変えられないんです。

全部ダメ〜

3

Our teacher told us **not** to be noisy.

それで考えたのがこの形です。不定詞の前に not をもってきます。

不定詞そのものを否定するやり方です。

4

ポイント解説

not の位置に注意！

1. **tell＋名詞＋to do**「名詞に〜するように言う」

    Our teacher told us to be quiet.
    「先生は私たちに静かにしているように言った」

    ◆ 名詞が to do の主語の働きをしている。

2. **not/never to do**

    Our teacher told us not to be noisy.
    「先生は私たちにうるさくしないように言った」

    ◆ to do を打ち消したい場合，その直前に not や never を置く。

トレーニング

■例にならって，次の各文を書き換えなさい。

〈例〉 Study hard. → Father told me to study hard.

1. Read the newspaper.
   She told him _____.

2. Stop playing soccer.
   He told them _____.

3. Stop watching television.
   I told her _____.

■例にならって，（ ）内の主語と動詞 ask を用い，次の各文を書き換えなさい。

〈例〉 Mother, cook the fish, please. （I）
   → I asked Mother to cook the fish.

4. Lucy, open the window, please. （Fred）

   _____

5. Jim, teach me English, please. （I）

   _____

6. Bill, lend me the pen, please. （I）

   _____

7. Tom, show me the picture, please. （I）

   _____

答えは p.254

不定詞(3)／現在分詞

37 as〜as で "はさめるもの" に注意！

as 〜 as は「同じくらい〜」という意味ですが，はさめるものが決まっています。

1. as [　] as 上下します
   これは as 〜 as のハカリというものです。

2. as [large] as
   ここに形容詞、例えば large「大きい」を書きます。

Let's try!

□適切なものを1つ選びなさい。

Kenya is as (　　) as France.

① large　② larger　③ largest

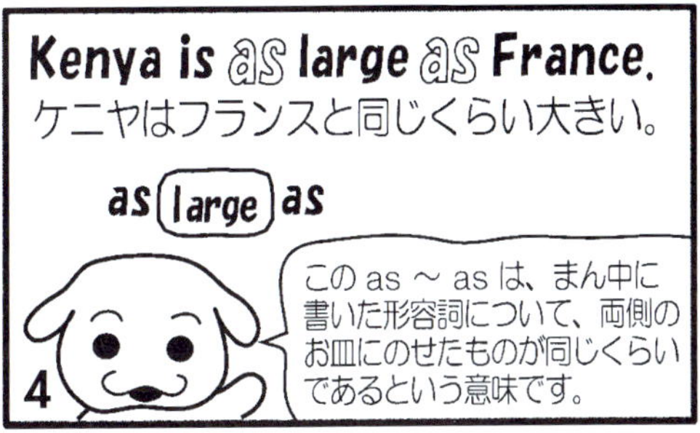

比較

両側にKenyaとFranceをのせると、あらフシギ、つりあいます。

Kenya is as large as France.
ケニヤはフランスと同じくらい大きい。

as large as

このas～asは、まん中に書いた形容詞について、両側のお皿にのせたものが同じくらいであるという意味です。

ポイント解説

as ～ as で比較するものは？

Kenya is as large as France.
(ケニヤはフランスと同じくらい大きい)

◆ as ～ as ではさめるのは形容詞か副詞。
◆ 厳密に〈全く同じ〉でなくても，程度が同じくらいであればよい。

トレーニング

■次の英文を日本文に直しなさい。

1. Tomoko is as old as I.

   _____

2. Naomi is as tall as Lucy.

   _____

3. My pencil is as long as yours.

   _____

4. Your camera is as small as mine.

■次の各日本文の意味を表すように，〔　〕内の語を並べ換えなさい。

5. この鉛筆はあれと同じくらい長い。
   〔is, that, as, this, as, pencil, one, long〕.

   _____

6. めぐみはルーシーと同じ年です。
   〔old, is, as, Megumi, Lucy, as〕.

   _____

7. 私は父と同じくらい早く起きる。
   〔get, I, early, up, as, father, as, my〕.

   _____

答えは p.254

38 not as〜as は同じにはならない！

not as 〜 as とすると「差」が生まれるので注意しましょう。

Warm weather comes as early in Hokkaido as in Kyushu.

暖かい天気は北海道に九州と同じくらい早くやって来る。

as (early) as

1　前の例と同じく、as 〜 as ハカリの作用で同じくらい「早く」となり、つりあっています。

Warm weather doesn't come 〜

2　ところがこれを否定形にすると。

Let's try!

□空所に当てはまる日本語を入れなさい。

Warm weather doesn't come as early in Hokkaido as in Kyushu.

「暖かい天気は（　　　）には（　　　）ほど早くはやってこない」

比較

ゴッ

doesn't as early as

否定形のおもりが先の北海道の上にのっかります！

おお！

3

Warm weather doesn't come as early in Hokkaido as in Kyushu.

暖かい天気は北海道には九州ほど早くはやって来ない。

意味はこのようになります。

4

ポイント解説

比較する中味は as 〜 as に同じ。

Switzerland isn't as large as Japan.
(スイスは日本ほど広くない)

◆ not as 〜 as ... =「…ほど〜でない」は差を表す。

◆ not as 〜 as ... を **not so 〜 as ...** と言っても同じ意味。

◆ 上の文は，Japan is larger than Switzerland. (日本はスイスより広い) と同じ内容を表す。

トレーニング

■次の英文を否定文にし，その文を日本文に直しなさい。

1. I am as busy as Megumi.
   〈否定文〉＿＿＿＿＿＿＿＿＿＿＿＿＿＿＿＿
   〈日本文〉＿＿＿＿＿＿＿＿＿＿＿＿＿＿＿＿

2. This picture is as beautiful as that one.
   〈否定文〉＿＿＿＿＿＿＿＿＿＿＿＿＿＿＿＿
   〈日本文〉＿＿＿＿＿＿＿＿＿＿＿＿＿＿＿＿

3. I can sing as well as Kumi.
   〈否定文〉＿＿＿＿＿＿＿＿＿＿＿＿＿＿＿＿
   〈日本文〉＿＿＿＿＿＿＿＿＿＿＿＿＿＿＿＿

比較

■次の各組の文が，ほぼ同じ意味になるように（　）に1語ずつ補いなさい。

4. { My uncle is not as old as my father.
     My father is (　　　) than my uncle.

5. { Your camera isn't as big as Ken's.
     Ken's camera is (　　　) than yours.

6. { Her pencil is longer than yours.
     Your pencil is (　　　) than (　　　).

答えは p.255

39 than があったら比較級！

比較級 than... で「…よりも〜」と差が生まれます。2つのものや2人をくらべる際に用います。

Mt. Kilimanjaro is high.
キリマンジャロは高い。

これは何のへんてつもない文ですね。

1

Mt. Kilimanjaro is higher.

「er」がくっつくと、「〜より高い」という意味になります。

2

Let's try!

□適切なものを1つ選びなさい。

Mt. Kilimanjaro is (　　) than Mt. Fuji.

① high　② higher　③ highest

比較

さらに、「〜より高い」というからには、比べる相手も必要です。than のうしろに比べる相手が来ます。

ズズズ

er　よりも than

3　Mt. Kilimanjaro　Mt. Fuji

Mt. Kilimanjaro is higher than Mt. Fuji.
キリマンジャロは富士山よりも高い。

er と than 何々 はワンセットです。
4　おぼえておきましょう。

ポイント解説

比較級の表し方

Mt. Kilimanjaro is higher than Mt. Fuji.
(キリマンジャロは富士山よりも高い)

◆ 比較級は 形容詞／副詞 ＋er が原則。

◆ 比較級の比較対象の前には than... 「…よりも」を付けるのが原則。

トレーニング

■ 次の文の（　）内の語を必要ならば適当な形に換えなさい。

1. My brother is (*old*) than you. ＿＿＿＿＿
2. Your camera is (*big*) than mine. ＿＿＿＿＿
3. This room is as (*large*) as that room. ＿＿＿＿＿
4. This flower is (*pretty*) than that one. ＿＿＿＿＿

比較

■ 次の日本文の意味を表すように，（　）内の語を適当な形に直して使い，英文を完成しなさい。

5. このリンゴはあのリンゴより小さい。
   This apple is ＿＿＿＿＿ than that one. (small)
6. 私の犬はあなたの犬より大きい。
   My dog is ＿＿＿＿＿ than yours. (big)
7. 私は私の弟より背が高い。
   I am ＿＿＿＿＿ than my brother. (tall)
8. 君は私より速く走ることができる。
   You can run ＿＿＿＿＿ than I. (fast)

答えは p.255

40 「大差」がついたときに比較級の前に付けるもの！

比較級を強める際には，比較級の直前に強める副詞を置きますが，very を置くことはできません。

My grandfather walked more slowly than my brother.

1. この文ではおじいちゃんの slowly 度がまさっています。

2. これに much ロケットでターボをきかせます。 カチッ

Let's try!

□ [　]内の語を正しく並べ換えなさい。

My grandfather walked [brother, more, much, my, slowly, than, (.)]

比較

My grandfather walked much more slowly than my brother.

3 こうやってさらに slowly 度の差が大きくなりました。

4 very ロケットは使えない
つい、very としてしまいそうになりますが、very を比較級の前にはおけません。

ポイント解説

比較級の強調の仕方

My grandfather walked much more slowly than my brother.
(私の祖父は兄よりもずっとゆっくり歩いた)

◆ 比較級の「差」を強調したい場合には，比較級の前に much, far, even などを置く。

◆ 比較級の前に very は置けないので注意。

トレーニング

■次の日本文の意味を表すように，英文の____に適当な1語を入れなさい。

1. 私は彼女ほど速く泳ぐことができません。
   I ____ swim as ____ ____ ____.

2. 私は彼女よりずっと速く泳ぐことができる。
   I ____ swim ____ ____ than she.

3. 今日は昨日よりずっと暑い。
   ____ is ____ ____ today than yesterday.

■次の日本文の意味に合うように，〔　〕内の語句を並べ換えなさい。

4. 私は夏より冬のほうが好きです。
   〔summer, winter, like, than, I, better〕.

   ____

5. トモコが3人の中でいちばんじょうずにピアノを弾くことができます。
   〔the piano, three, play, Tomoko, the best, can, of, the〕.

   ____

6. 君のクラスではだれがいちばん速く走れますか。
   〔run, in, who, your class, can, the fastest〕?

   ____

答えは p.255

41 最上級はくらべるものに注意！

3つのものや3人以上をくらべる際には最上級を用います。「…の中で最も〜」という訳し方が基本です。

1. 3つ以上の物の中で「一番」を表す時に、est をつけて強調します。

2. er よりも est の方がより強く強調することができます。

Let's try!

□適切なものを1つ選びなさい。

This car is the (　　　) of the three.

① big　② bigger　③ biggest

比較

3

「est」がつくと、「3つ以上のものの中で一番」という意味が与えられます。

「最上級」と言います。

比べるものの数がポイント。

1つ フツー　2つ 〜er　3つ 〜est

4

biggest of the three

さらに、ここにこう数を書くと「〜人の中で一番」と言う表現ができます。

カキカキ

3人の中で一番大きい

ポイント解説

最上級の表し方

This cat is the biggest of the three.
(この猫は3匹の中で最も大きい)

◆ the 形容詞／副詞 ＋est で「最も…」を表す。

◆ 3つのものや3人以上を比較する場合に用いる。

◆ 最上級の後には of ＋複数名詞か，in ＋複数以外の名詞を付けて「…の中で」を表す。

トレーニング

■次の文の（　）内の語を適当な形に直しなさい。

1. August is the (*hot*) month of the year.

   _____

2. This picture is the (*pretty*) of all.

   _____

3. New York is the (*big*) city in America.

   _____

4. That mountain is (*high*) than Mt. Fuji.

   _____

5. Bob swims (*fast*) of all. _____

■次の各文の（　）内から，適当なものを選びなさい。

6. He has (many / more / the most) CDs in his class.
7. Tom's radio is (good / better / best) than mine.
8. Judy can play the piano (well / better / the best) in her class.
9. This picture is (very / more / most) beautiful than that one.
10. Which is the (very / more / most) interesting book of these three?

答えは p.256

42 one of の後ろの名詞は複数形！

one of ～は「～の（うちの）1つ」という意味なので，～に当たる部分には複数形の名詞を置くのがふつうです。

1
gre**at**est　いちばん偉大！

さきほど、est は「いちばん」だと言いましたが

2
One of the greatest singers in Japan

日本でいちばん偉大な歌手たちの1人

こういう表現もあります。

Let's try!

□適切なものを1つ選びなさい。

She is one of the (　　　) singers in Japan.

① greater

② greatest

③ more great

比較

One of その1人

いちばん偉大なグループ

偉大なグループ

だいたいこんな仕組みになっています。最上級でも、必ずしも1人じゃないんですね。

3

いちばん偉大な人たちというのもヘンですが、少しヨイショも入っている感じでしょうか。

アンタもイタイ

アンタもイタイだよ

4

ポイント解説

one of ＋複数

She is one of the greatest singers in Japan.
(彼女は日本でいちばん偉大な歌手たちの1人だ)

◆ one of... は「…のうちの1つ/1人」という意味なので，…に当たる部分には複数形の名詞を置くのが原則。

◆ one of the greatest singers in Japan「日本でいちばん偉大な歌手たちの1人」と複数名詞の前に最上級が付いているが，最上級は厳密に「第1位」だけを表しているわけではないので注意。

トレーニング

■ 次の日本文の意味を表すように、〔　〕内の語に1語をつけ加えて、正しく並べ換えなさい。

1. 中国は日本よりずっと広い。
   〔Japan, is, China, larger, than〕.

2. 夏と冬ではどちらが好きですか。
   〔you, which, summer, do, like, winter, better, (,)〕?

3. サッカーはイギリスで最も人気のあるスポーツのひとつです。
   〔soccer, the, in, is, popular, one, of, sports〕 England.

■ 次の日本文の意味を表すように、〔　〕内の語句を並べ換えなさい。

4. あなたは何色がいちばん好きですか。
   〔do, like, color, the best, what, you〕?

5. 私はすべてのスポーツの中でサッカーがいちばん好きです。
   〔like, I, all, the sports, the best, soccer, of〕.

答えは p.256

43 等位接続詞は同じカタチ同士をつなぐ！

and，but，or などを等位接続詞といい，同じカタチのものをつなぎます。具体的に見てみましょう。

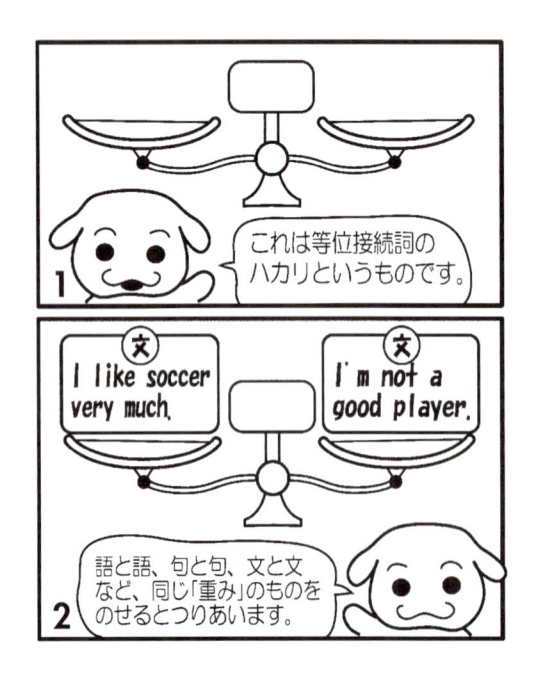

1. これは等位接続詞のハカリというものです。

2. 〔文〕I like soccer very much. 〔文〕I'm not a good player.
語と語、句と句、文と文など、同じ「重み」のものをのせるとつりあいます。

Let's try!

☐ 適切なものを１つ選びなさい。

I like soccer very much, (　　　) I'm not a good player.

① but　② or　③ so

ポイント解説

等位接続詞の考え方

I like soccer very much, but I'm not a good player.
(私はサッカーが大好きだが,うまいプレーヤーではない)

◆ **and**, **but**, **or** などの語を等位接続詞という。

◆ 語と語,句と句,文と文をつなぐ。

◆ 等位接続詞が出てきたら,何と何をつないでいるのかを見極めることが大切。

トレーニング

■次の各文を，下線部に注意して日本語に直しなさい。

1. I play tennis <u>and</u> volleyball.

   _____

2. Is this camera yours <u>or</u> your father's?

   _____

3. History is interesting, <u>but</u> English is more interesting to me.

   _____

4. It is cool today, <u>so</u> we can't swim in the lake.

   _____

5. She went to the kitchen <u>and</u> helped her mother.

   _____

■次の各文の____に，and, or, but, so のうち適当なものを入れなさい。

6. He can't play tennis, soccer, ____ basketball.
7. I have learned English for more than two years, ____ I can't speak it well.
8. Who can swim better, you ____ your father?
9. The earth is covered with snow, ____ the birds have little to eat.

答えは p.256

44 命令を出しっぱなしにしてはいけません！

命令文を使った表現を確認します。

1
- Ⓐ **If you start at once,** キミがもしすぐ出発すれば、
- Ⓑ **you won't be late.** キミは遅れないだろう。

AとBの内容を比べると、前のように正反対の内容ではありません。

2
- Ⓐ **Start at once,** すぐに出発しなさい、
- Ⓑ **you'll be in time.** キミは間に合うだろう。

これを命令文ではじまる形にかえてみましょう。

Let's try!

□上下の内容が同じになるように適切な語を入れなさい。

If you start at once, you won't be late.

Start at once, (　　　) you'll be in time.

A Start at once,
すぐに出発しなさい、

B you'll be in time.
キミは間に合うだろう。

そこでここにAとBをつなげる部品をつけなくてはいけません。

こんどはAに「もし〜なら」という意味がありません。

3

A Start at once,
すぐに出発しなさい、

and
そうすれば

B you'll be in time.
キミは間に合うだろう。

AとBの内容は素直につながっているので、この場合は and「そうすれば」をはりつけます。

4

ポイント解説

〈命令文, and...〉と〈命令文, or...〉

Start at once, and you'll be in time.
(すぐに出発しなさい、そうすればキミは間に合うだろう)

◆〈命令文, and...〉で「～しなさい、そうすれば…」の意味。

Start at once, or you'll be late.
(すぐに出発しなさい、さもないとキミは遅れるよ)

◆〈命令文, or...〉で「～しなさい、さもないと…」の意味。

トレーニング

■次の各組の文がほぼ同じ内容になるように、＿＿＿に適当な1語を入れなさい。

1. { If you don't hurry, you will be late.
    Hurry up, ＿＿＿＿ you will be late.

2. { If you get up early, you won't be late for school.
    Get up early, ＿＿＿＿ you will be in time for school.

3. { Start at once, or you will miss the train.
    ＿＿＿＿ you ＿＿＿＿ ＿＿＿＿ ＿＿＿＿ ＿＿＿＿, you will miss the train.

■次の各文の（ ）内から、最も適当なものを選びなさい。

4. Which do you like better, tea (and / or / to) coffee?

5. He went to see the movie, (or / but / if) I didn't.

6. Both my brother and I (am / are / have) interested in science.

7. Miss Green is very kind, (or / but / so) she is liked by everyone.

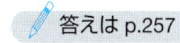

答えは p.257

45 that 節が名詞のカタマリになるとき！

that ＋文（that 節という）は，位置に応じてさまざまな働きをします。ここでは名詞のカタマリ（名詞節）になる場合を扱います。

1
I think it.
私はそう考える。

You are right.
キミは正しい。

この2つの文を1つにしたいと思います。

2
I think you are right.

こうやってそのままはりつけてもいいのですが。

3
that ◯◯◯◯

この that の枠というものを使うとベンリです。

179

Let's try!

□ 適切なものを1つ選びなさい。

I think (　　　) you are right.

① or　　② so　　③ that

接続詞

4
I think that you are right. タピ。
「that の枠」とは、文をピッタリおさめる額ぶちのようなものです。

5
ⓈⓋⒸ
that you are right.
S主語、V動詞、C補語のバッチリ入った完全な文でもthat枠でちゃんと収められます。

6
I think you are right.
なくても意味は通じますがカジュアルな感じになります。

ポイント解説

名詞節を導く接続詞の that

I know [it]. (私はそのことを知っている)
↓
I know [(that) you are right].
(私は君が正しいことを知っている)

◆ it という代名詞の代わりに that ＋文 (that 節) を置けるのでこれを名詞節という。この場合，接続詞の that は省略できることが多い。

◆ 上記の [it] も [(that) you are right] もどちらも know の目的語の働きをしている。

トレーニング

■次の各文では that が省略されています。that の入る位置の番号を○で囲みなさい。

1. I ₁ know ₂ June's father ₃ is ₄ a doctor.
2. Do you think ₁ Mike ₂ will ₃ help ₄ us?
3. I ₁ hope ₂ you ₃ will come ₄ to see ₅ us ₆ some day.
4. Do you know ₁ Jiro ₂ has gone ₃ to Australia ₄ with ₅ his parents?
5. In old days ₁ few people ₂ believed ₃ the earth ₄ is ₅ round.

■次の文で，省略できる that を○で囲みなさい。

6. I know that my father is busy.
7. I know that is a diffcult question.
8. I think that he will help me.
9. I hope that it will be fine tomorrow.
10. Do you know that Ichiro has gone to New York?

答えは p.257

46 動詞の時制はしっかりそろえて！

　日本語の問題文に惑わされず，実際の時間はいつなのかを考えて，動詞を変化させる必要があります。

1

She said it.
彼女はそう言った。

She is not interested in it.
彼女はそれに興味がない。

こういう2つの文を1つにまとめてみましょう。

2

She said that she is not interested in it.

さっきのようにthat枠でまとめていいのですが…。

Let's try!

□空所に当てはまる英語を入れなさい。

「彼女はそれには興味がないと言いました」

She (　　　　　) that she (　　　　　) not interested in it.

接続詞

問題は時間です。彼女が「言った」のは過去の出来事です。だから、言った「内容」が現在だと、チグハグになってしまいます。

彼女は言った

彼女は興味がない

3　過去　　　現在

that 枠を使った時は that の中の時制を that の外の時制にそろえなくてはいけません。

She said that she was not interested in it.

時制の一致といいます。

4

ポイント解説

時制の一致に注意。

She said（that）she was not interested in it.
（彼女はそれには興味がないと言った）

◆ She said ...「彼女が言った」と過去の事実を表す文なので，…の部分の動詞も（少なくとも過去の事実なので）過去形などを用いる。これを時制の一致という。

◆ 上の文を「彼女は，それには興味がなかったと言った」と訳さないこと。これでは「言った」時よりも「興味がなかった」時の方がさらに前の事実になってしまう。

トレーニング

■次の各文の下線部を過去にして，全文を書き換えなさい。

1. I <u>know</u> the girl is a musician.

   _____

2. I <u>know</u> he wants to be a cook.

   _____

3. I <u>think</u> I have to help him.

   _____

4. I <u>think</u> he will come back soon.

   _____

■次の日本文の意味を表すように，〔　　〕内の語句を並べ換えなさい。

5. マイクは手伝ってくれると思いますか。
   〔think, Mike, help, that, you, do, will, us〕？

   _____

6. 彼が医者であることを知っていますか。
   〔a doctor, is, you, know, he, do〕？

   _____

7. 彼女を手伝わなければならないだろうと思う。
   〔I, I think, have to, her, help〕．

   _____

答えは p.257

47 動詞の時制は実際の時間を考えて！

ひとつの文の中で，動詞が複数登場する場合，時制が揃っているか，前後関係があるのかを常にチェックする必要があります。

when ⓢ ⓥ ⓒ

ポイポイ

「whenの枠」の中にもSやVのある完全な文をおさめることができます。

1

ⓢ ⓥ ⓒ
when she was a girl,

she couldn't eat *natto*.

彼女は子供の時、納豆が食べられなかった。

こんな感じ。

2

Let's try!

□正しく並べ換えなさい。

「彼女は子供の頃, 納豆が食べられませんでした」

[a girl, couldn't, eat, she, she, was, when, (,)] natto.

接続詞

このとき、気をつけなくてはならないのは時制の一致です。whenの枠を使うときはwhenの中の出来事と、whenの外の出来事の時間は同時に起こったことと考えてください。

子供だった

whenの中と外の時制は必ず一致させましょう。

納豆が食べられない

| when | カコ | , | カコ |

3

ポイント解説

日本語表現に気をつけよう！

When she was a girl, she couldn't eat *natto*.

（彼女は子供の頃，納豆が食べられなかった）

◆「子供の頃」と「納豆が食べられなかった」時期が同時なので，どちらも動詞を過去形にして時制の一致をさせておくことが必要。

◆動詞の時制に関しては，日本語にとらわれずに実際の時間や前後の表現などを考えて，形を決めること。

トレーニング

■次の各文の（　）内から，最も適当なものを選びなさい。

1. (Because / When / Before) it was very fine yesterday, we went on a picnic.
2. It began to snow (because / if / when / so) I arrived home.
3. I am glad (and / so / when / that) you liked my present.
4. You are (so / too / very) young that you cannot do the work.

■次の日本文の意味を表すように，＿＿＿に適当な1語を入れなさい。

5. もし明日暑かったら泳ぎに行くつもりです。
   We will go swimming ＿＿＿ it ＿＿＿ hot tomorrow.
6. 私たちはたいへん長く歩いたので疲れました。
   We walked ＿＿＿ long ＿＿＿ we got ＿＿＿.
7. 母はとても忙しかったので，私と一緒に行けなかった。
   Mother was very busy, ＿＿＿ she could not go with me.

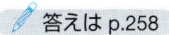

答えは p.258

48 未来の内容を現在形で表す場合!

時・条件を表す副詞節の中では，未来の内容であっても現在形で表します。具体的に見てみましょう。

A If it rains tomorrow,
もし明日が雨ならば，

B we won't go to Tokyo Disneyland.
私たちは東京ディズニーランドへ行かないだろう。

2つの文のつながり方をしらべましょう。

1

しらべるためにBの文を切ってバラします。

We 私たち

won't go 行かないだろう

to Tokyo Disneyland,
東京ディズニーランドへ

チョキチョキ

2

Let's try!

☐ 適切なものを1つ選びなさい。

If (　　　) tomorrow, we won't go to Tokyo Disneyland.

① it rains

② it will rain

③ it will rainy

接続詞

If it rains tomorrow,
もし明日が雨ならば、

- **We** 私たち
- **won't go** 行かないだろう
- **to Tokyo Disneyland,** 東京ディズニーランドへ

この部分は、この3つのどれにかかっているのでしょうか？

3

If it rains tomorrow, ➡ **won't go**

おわかりですね。won't go という動詞にかかっています。

だから if の条件節は副詞節なのです。

4

ポイント解説

時・条件を表す副詞節

If it rains tomorrow, we won't go to Tokyo Disneyland.
(もし明日が雨ならば，私たちは東京ディズニーランドへ行かないだろう)

◆ If it rains tomorrow「もし，明日雨ならば」→「行かないだろう」と If 節が主節の動詞部分を修飾して副詞の働きをしている。

◆ When... や If... などのような時・条件を表す副詞節の中では，未来の内容であっても(will rain とせずに)現在形(rains)を用いる。

◆ あくまでも副詞節の中だけなので注意。

トレーニング

■ 次の日本文の意味を表すように，英文の＿＿に適当な1語を入れなさい。

1. もし明日晴れなら，泳ぎに行こう。
   Let's go swimming ＿＿ it ＿＿ fine tomorrow.
2. 暗くならないうちに帰ってきなさい。
   Come back home ＿＿ ＿＿ gets dark.
3. 彼がたずねて来たとき，私は音楽を聴いていました。
   ＿＿ he called on me, I ＿＿ ＿＿ to music.

■ 次の各文の（ ）内から，適当なものを選びなさい。

4. Yesterday she could not make dinner, (if / because / but / so) she was sick.
5. (Because / That / When / If) I was coming home, I met an old man.
6. He ran fast, (but / so / when / that) I could not catch him.
7. It was (too / so / very) cold that the children could not go out.
8. Let's play tennis (so / if / because / and) it is fine next Sunday.

答えは p.258

49 接続詞＋代名詞＝関係代名詞！

　関係代名詞は，2つの文をつなぐ働きを持った代名詞です。まず2つ文のつなげ方から確認しましょう。

She has a mobile phone.
彼女は携帯電話をもっている。

Her father bought (it) for her.
彼女の父が それ を買ってくれた。

> 2つの文を1つにするにはどうしたらいいでしょうか。

1

Her father bought (it) for her.
彼女の父が それ を買ってくれた。

> このit「それ」を2つの文をくっつける接着剤にします。

2

Let's try!

□下の2文の内容を1文で表しなさい。

She has a mobile phone. Her father bought it for her.

She has a mobile phone that (　　) (　　) (　　) for her.

| She has a mobile phone. |
| that ← it |
| Her father bought　for her. |

thatに変えて。

3

She has a mobile phone that her father bought for her.

このthatは2つの文のつなぎの働きと代名詞itのかわりの2つの役目を果たしています。

4

ポイント解説

関係代名詞のはたらき

She has a mobile phone that her father bought for her.

(彼女は,父親が買ってくれた携帯電話をもっている)

◆ 関係代名詞＝接続詞＋代名詞であることに注意。

◆ 上の英文で,that（which にも置きかえられる）は,前後の文をつないでいる接続詞の働きと共に,後の（下線の付いた）文の中で bought の目的語の働きをしている。

トレーニング

■次の各文の___に，**who** か **which** を入れなさい。

1. Mr. Reed is an American _____ lives in Yokohama now.
2. This is a city _____ is famous for its lake.
3. Mike has a watch _____ is newer than mine.
4. Miss Saito is a teacher _____ teaches music.
5. The dog _____ is running very fast is Bob's.

■次の2つの文の内容を，**who** または **which** を使った1つの文で表しなさい。

6. I know an American.　He likes playing *shogi*.

   _____

7. Junko has a pen friend.　She can ride a horse.

   _____

8. He met some children.　They were good at swimming.

   _____

9. That is a new store.　It opened yesterday.

   _____

関係代名詞

答えは p.258

50 関係代名詞のカタマリは形容詞のカタマリ！

関係代名詞節を置く位置には注意が必要です。修飾する名詞の後に置くのですが，日本語とは語順が異なります。

1
BUS
The boy is a fast runner.

バス停に単語くんたちが並んでいます。

2
BUS ヨッ！　　まあ入れよ　え〜！
The young boy is a

あまりいいことではありませんが。

the boy を形容する言葉は the boy の友だちなので、列に割り込ませることがあります。

Let's try!

□ 下線部の正しい日本語訳を選びなさい。

<u>The boy that I know</u> is a fast runner.

① 少年が私を知っている

② 私が知っている少年

③ 私は少年を知っている

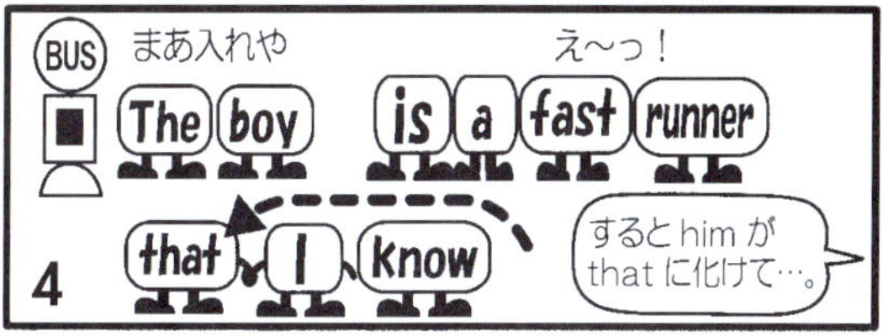

---

3 (BUS) The boy is / ヨッ兄弟！ / I know him ヨッ！
ここに I know him というグループが来ました。
その中に the boy と同じ意味の him がいました。

4 (BUS) まあ入れや / The boy is a fast runner / え〜っ！ / that I know
すると him が that に化けて…

5 (BUS) The boy that I know is a
that が一同を引きつれて割り込みです。
何人もいるのでさすがに後ろに並びます。

関係代名詞

ポイント解説

関係代名詞の注意点

The boy that I know is a fast runner.
(私が知っている少年は，速いランナーだ)

◆ 上の英文で that I know の部分(下線部)は関係代名詞のカタマリである。

◆ 関係代名詞のカタマリ（関係代名詞節という）は，形容詞の働きをしているので，キチンとした日本語訳を作るときは，「私が知っている」→「少年」というように形容詞のカタマリから先に訳す。

トレーニング

■次の文を日本語に直しなさい。

1. I have an aunt who lives in Canada.
   _____

2. Look at the dog which is running very fast.
   _____

3. Do you know the man who is standing there?
   _____

4. The boy who is watching television is Mike.
   _____

■次の2つの文の内容を，who か which を使った1つの文で表すとき，_____に適当な語句を入れなさい。

5. A boy is talking with my brother.　The boy is Frank.
   The boy _____ is Frank.

6. Some girls are listening to the tape.　The girls are my friends.
   The girls _____.

7. I know the man.　He came here yesterday.
   I know the man _____.

関係代名詞

答えは p.259

51 関係代名詞には省略できるものもある！

目的格の関係代名詞は省略されることが多いです。省略されていることに気づかないと日本語訳がおかしくなってしまいます。

1. This is the hamburger.
これがそのハンバーガーだ。
I cooked it.
私がそれを作った。
この2つの文をくっつけてみましょう。

2. I cooked it.
私がそれを作った。
この it が接着剤になってくれます。

3. こんどは it を which に変えます。
I cooked which
ポン！

Let's try!

□ 空所に当てはまる日本語を入れなさい。

This is the hamburger which I cooked.

「これは私が(　　　)ハンバーガーです」

4
This is the hamburger | which | I cooked.
ガチッ
whichで2つの文をくっつけます。

5
This is the hamburger | which
I cooked | which
ガチッ
注目すべきは which が I cooked it. の目的語 it が変化したものだということです。

このwhichはもともとは目的語でしたから「目的格の関係代名詞」と呼びます。

関係代名詞

ポイント解説

関係代名詞の省略

This is the hamburger (which) I cooked.
(これは,私が調理したハンバーガーです)

◆ 上の英文で which I cooked の部分は関係代名詞節。

◆ which は I cooked の**目的語の働き**をしている。

◆ このように,目的語の働きをしている関係代名詞(目的格の関係代名詞)は**省略できる**。目的格の関係代名詞以外は省略できないので注意。

トレーニング

■ 次の各文の____に，**that** か **which** を入れなさい。

1. Akira is a good boy _____ everyone likes.
2. The people _____ we saw were American farmers.
3. This is the fish _____ I caught yesterday.
4. The book _____ I read last night was interesting.
5. The lady _____ you met yesterday is Nancy's aunt.

■ 次の各文に（　）内の語を入れるとすれば，どこがよいか。直前の1語を答えなさい。

6. That's the man you wanted to meet.
   （that）　_____
7. That's the car my father bought yesterday.
   （which）　_____
8. This is the nicest present I've ever had.
   （that）　_____
9. The rabbit we caught was a young one.
   （which）　_____
10. The story he told us was very interesting.
    （which）　_____

答えは p.259

関係代名詞

52 形容詞のカタマリを極める！

　形容詞1語だけなら名詞の前，2語以上なら名詞の後ろ，という規則をもう1度確認しましょう。

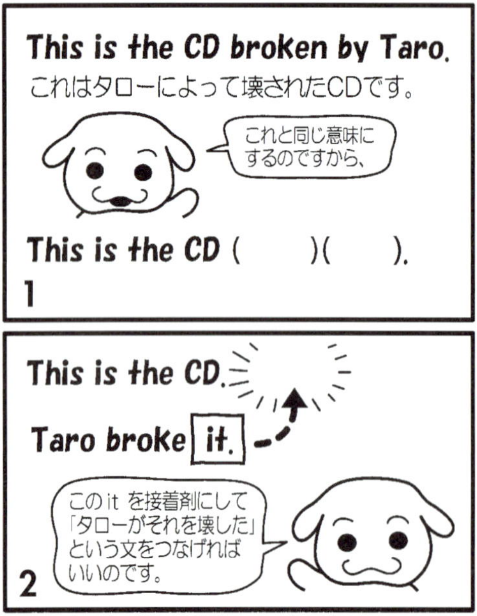

This is the CD broken by Taro.
これはタローによって壊されたCDです。

（これと同じ意味にするのですから，）

This is the CD (　　　)(　　　).
1

This is the CD.

Taro broke it.

このitを接着剤にして「タローがそれを壊した」という文をつなげればいいのです。

2

Let's try!

□上下の内容が同じになるように適切な語を入れなさい。

This is the CD broken by Taro.
This is the CD (　　　) (　　　).

3
This is the CD | which | Taro broke.
ピタッ
やり方はさっきと同じです。

4
このやり方はあまりに定番なので、whichを省略してしまうこともあります。
ポイッ
which
ピタ
This is the CD | Taro broke.

5
which
こんな風に省略できるのは、目的格の関係代名詞だけですから注意。

関係代名詞

ポイント解説

形容詞の位置

This is the CD broken by Taro.
(これはタローによって壊されたCDです)

This is the CD (which) Taro broke.
(これはタローが壊したCDです)

◆ 上の英文の下線部はどちらも2語以上の形容詞のカタマリ。

◆ 2語以上なので修飾する名詞の後に置く。

トレーニング

■ 次の2つの文の内容を，関係代名詞 which を使った1つの文で表しなさい。

1. This is the eraser.　I bought it yesterday.

   _____

2. Look at the car.　Mr. Jones is driving it.

   _____

3. Kyoto is a city.　Many people want to visit it.

   _____

4. The apples were very good.　We ate them.

   _____

■ 次の2つの文の内容を，関係代名詞 that を使った1つの文で表しなさい。

5. She is the girl.　I met her in Kyoto.

   _____

6. Bob is an Australian boy.　Hiroshi likes him very much.

   _____

7. That is the lady.　We invited her to the party.

   _____

8. He is a doctor.　We know him well.

   _____

答えは p.259

53 形容詞のカタマリは先に訳して名詞につなげる!

英語と日本語とでは形容詞の位置が異なることは何回も見てきました。訳し方を最終確認しましょう。

Lacrosse is a sport.
ラクロスはスポーツだ。

It is popular among young people.
それは若い人の間で人気がある。

今度はこの2つの文をくっつけてみましょう。

1

It is popular among ~

このIt が接着剤になります。

2

Let's try!

□空所に当てはまる日本語を入れなさい。

Lacrosse is a sport which is popular among young people.

「ラクロスは，(　　　)スポーツです」

Lacrosse is a sport | which ← ピタ

which | is popular among young people.

ボン!

まずwhichに変えて。

文の間にくっつけます。

3

Lacrosse is a sport | which | is popular ～

S　V　C

このwhichは2つめの文では主語Sのはたらきをしていることに注意してください。

これは主格の関係代名詞といいます。

4

関係代名詞

ポイント解説

英語と日本語の形容詞の語順

Lacrosse is a sport which/that is popular among young people.

(ラクロスは若者たちの間で人気があるスポーツだ)

◆ 上の英文の下線部は関係代名詞節。

◆ 2語以上の形容詞のカタマリなので、後ろから a sport という名詞を修飾している。

◆ 日本語訳をつくるときは、形容詞のカタマリから先に訳す。

トレーニング

■次の各文を，下線部に注意して日本語に直しなさい。

1. The dog <u>which Roy likes</u> has long ears.

2. He bought a house <u>which has a big garden</u>.

3. This is the book <u>which Jim bought for me</u>.

4. The school <u>that I visited</u> was very big.

5. Tom has a guitar <u>that is better than mine</u>.

■次の各文を，下線部に注意して日本語に直しなさい。

6. <u>Who</u> is that man reading a book?

7. Do you know the girl <u>who</u> is writing a letter?

8. <u>Which</u> is your pen, this one or that?

9. This is the letter <u>which</u> my aunt wrote to me.

関係代名詞

✎ 答えは p.260

54 句と節の違いに慣れる！

句と節についても前に触れましたが，改めて確認しましょう。

1

I know the boy | who | lives near my house.

次はさっきの逆をやってみましょう。

これは who で2つの文をつないだものです。

2

I know the boy | He | lives near my house.

who を He にもどして。

ボン！

切りはなして…

3

I know the boy. | He lives near my house.

私はその少年を知っている。 彼はぼくの家のすぐ近くに住んでいる。

もとにもどすとこうなります。

Let's try!

□上下の内容が同じになるように空所に当てはまる語句を入れなさい。

I know the boy who lives near my house.
I know the boy (　　　) near my house.

関係代名詞

この文のliveをlivingに変えて主語を取ると…

文だったのがただの句になります。

He ポイ

ペタ
4 living near my house.

I know the boy living near my house.

これをさっきの文とくっつけるとほぼ同じ意味の文ができます。

関係代名詞で表していたものを、こんどは句で表しているんですね。

5

ポイント解説

形容詞句と形容詞節

I know the boy who lives near my house.
(私は自宅の近くに住んでいる少年を知っています)

◆ 下線部は形容詞節。

I know the boy living near my house.
(私は自宅の近くに住んでいる少年を知っています)

◆ 下線部は，2語以上のカタマリだが〈主語＋動詞〉を含まないので形容詞句。

◆ 上の英文はどちらも日本語訳は変わらないが，句や節をひとカタマリでとらえる，というとらえ方は重要。

トレーニング

■次の各組の文がほぼ同じ内容になるように、＿＿＿に適当な1語を入れなさい。

1. { The man was a famous baseball player ＿＿＿ people called Babe.
   The man was a famous baseball player ＿＿＿ Babe. }

2. { This is the most interesting book that I have ever read.
   I have ＿＿＿ read such ＿＿＿ interesting book. }

■次の日本文の意味を表すように、〔　　〕内の語句を、不要な1語を除いて並べ換えなさい。

3. 私が昨日読んだ本はとてもおもしろかった。
〔yesterday, the book, read, interesting, by, was, I, very〕.

4. 髪の長い女の子はハンクの妹です。
〔long, the girl, has, hair, sister, is, Hank's, who, with〕.

答えは p.260

55 文中の疑問文⑴

疑問文が文中に埋めこまれている場合があります。このような「文中の疑問文」は語順に注意が必要です。

Do you know it?
あなたはそれを知っていますか？

Who is he?
彼は誰ですか？

この2つをくっつけて1つの文にしましょう。

1

あなたは 彼が誰だか 知っていますか？

まあフツーこういう意味の文を作ればいいわけですが。

2

Let's try!

□空所に当てはまる語を入れなさい。

「あなたは彼が誰であるか知っていますか」

Do you know (　　　) he (　　　)?

Do you know ≠ who is he?

it のかわりにそのまま後ろにくっつけてもOKです。

ただし！

3

文の中の文になるので、あまり大きなカオはできません。

Do you know ≠ who he is?

文の中に疑問文の語順でいるとえらそうなので語順をかえておとなしくします。

間接疑問文といいます。

4

いろいろな文

ポイント解説

間接疑問の語順①

Do you know who he is ?

(あなたは,彼が誰だかご存知ですか?)

◆ 上の英文の □ のように文中の疑問文を間接疑問という。

◆ 間接疑問では,通常の疑問文とは語順が異なり,〈主語+動詞〉の語順をとり,動詞も必要に応じて活用させることが必要。

トレーニング

■ 与えられた英文を参考にして〔　〕内の語を並べ換え，正しい英文にしなさい。

1. Where did the boys go yesterday?
   〔they, don't, where, I, went, know〕.

   _____

2. Do you know the young man lying on the grass?
   No, I don't. 〔who, you, is, he, know, do〕?

   _____

3. Can you tell me the way to the Central Hotel?
   I'm sorry I can't. 〔where, I, is, don't, it, know〕.

   _____

■ 次の各文を，下線部に注意して日本語に直しなさい。

4. I don't know when she came home.

   _____

5. Do you know when he will come?

   _____

6. Do you know what he bought at the shop?

   _____

7. I know what he has in his hand.

   _____

✏️ 答えは p.261

56 文中の疑問文(2)

ふつうの疑問文と間接疑問が，結果的に同じ語順になる場合があります。確認してみましょう。

We can't tell it.
私たちはそれが言えない。

What will happen next?
次に何が起こるだろう？

> 次はこの2つをくっつけて1つの文にしましょう。

1

私たちは 次に何が起こるか 言えない。

> こういう意味の文を作ればいいですね。

2

Let's try!

□空所に当てはまる語を入れなさい。

「次に何が起こるのかわかりません」

We can't tell (　　　)(　　　) happen next.

We can't tell it what will happen next.

こうやってくっつける。

文全体は疑問文でなくなるので注意。

3

We can't tell what will happen next.
　　　　　　　　S　　　V

こんどは2つめの文が元々S+Vの普通の文だったので、文の中の文になっても違和感がありませんね。

ですから語順は変えなくてOKです。

4

いろいろな文

ポイント解説

間接疑問の語順②

We can't tell what will happen next.
(私たちには，次に何が起こるのかわかりません)

◆ 上の英文の ☐ の部分は，文中の疑問文なので間接疑問。

◆ 間接疑問では〈主語＋動詞〉の語順にするのだが，ここでは what が主語，will happen が動詞，というようにはじめから〈主語＋動詞〉の順番となっているので，語順は変わらない。

トレーニング

■ 次の日本語の意味を表すように，英文の＿＿＿に適当な1語を入れなさい。

1. 私は彼女がいつ帰ってくるのか知っています。
   I know ＿＿＿ ＿＿＿ ＿＿＿ come home.

2. あなたは彼がどこへ行ったか知っていますか。
   Do you know ＿＿＿ ＿＿＿ ＿＿＿ ?

3. 私は彼女の言うことがわかりませんでした。
   I didn't understand ＿＿＿ ＿＿＿ ＿＿＿ .

■ 次の日本文の意味を表すように，〔　〕内の語句を並べ換えなさい。

4. いま何時か知りません。
   〔know, time, is, it, don't, I, what〕.

   _____

5. あの男の人はだれか知っていますか。
   〔who, man, you, do, is, that, know〕?

   _____

6. 私のネコはどこへ行ってしまったのかしら。
   〔where, gone, wonder, has, I, my cat〕.

   _____

いろいろな文

✎ 答えは p.261

57 英語にはビックリするにも2種類ある！(1)

「なんと…なんだろう！」とビックリする時，英語では What か How を用います。まずは What を用いる驚き方から確認しましょう。

You have a good uncle.
あなたには いい おじさんがいる。

1
この文の いい を強調した文を作ってみましょう。

あなたには なんて いいおじさんがいるんでしょう。

こういう意味の文を作ります。

この「なんて」にあたる what か how をはりつけます。

2

Let's try!

□ What か How を入れて感嘆文を完成させなさい。

(　　　) a good uncle you have!

ポイント解説

What を用いた感嘆文

What a good uncle you have!
(あなたには、なんていいおじさんがいるのでしょう!)

◆「なんて…なんでしょう!」と感嘆を表す文を感嘆文という。

◆ what を用いた感嘆文は、〈what + (a) + 形容詞+名詞+主語+動詞…!〉の語順。

◆ 名詞が単数形の場合、a / an よりも前に what が出ることに注意。

トレーニング

■次の各文の（　）に **What** か **How** を入れ，全文を日本語に直しなさい。

1. (　　　) a tall tree that is!

2. (　　　) beautiful this picture is!

3. (　　　) well he can swim!

4. (　　　) small birds those are!

■次の各文を感嘆文に書き換えなさい。

5. She is a very kind girl.

6. These flowers are very beautiful.

7. John works very hard.

8. Jane has very pretty dolls.

いろいろな文

答えは p.261

58 英語にはビックリするにも2種類ある！(2)

こんどは How を用いた驚き方を確認します。What の場合よりも単純です。

The car is running fast.

そのクルマは速く走っている。

こんどはこういうのを強調してみましょう。

1

そのクルマは 何て 速く走っているのでしょう！

こういう意味の文を作ればいいんですね。

どっちを使いましょうか？

what　how

2

Let's try!

□ What か How を入れて感嘆文を完成させなさい。

(　　　) fast the car is running!

こんどは強調するのは「速く」という副詞ですね。

副詞には how を使います。

3 The car is running [how] fast.

How [fast] the car is running!

強調するものを前にもってきてできあがり。

「！」印も書いておこう。

4

形容詞＋名詞のときは what

副詞のときは how

おぼえましょう。

5

ポイント解説

How を用いた感嘆文

How fast the car is running!
(その車は，なんて速く走っているのでしょう！)

◆Howを用いた感嘆文は，〈How＋形容詞／副詞＋主語＋動詞…!〉の語順。

◆実際に目の前のことに感嘆する場合，主語＋動詞を省略することも多い。

トレーニング

■ 次の日本文の意味を表すように，〔　〕内の語句を並べ換えなさい。

1. あなたとジュディはなんて仲の良い友だちなんでしょう。
   〔friends, you, what, Judy, and, are, good〕!

   _____

2. この部屋の中はなんて暗いんでしょう。
   〔in, dark, how, is, room, it, this〕!

   _____

■ 次の各組の文が同じ内容になるように，＿＿に適当な1語を入れなさい。

3. { How interesting this story is!
    What _____ _____ story _____ _____!

4. { How well she plays tennis!
    _____ a good tennis player she _____!

5. { What a good swimmer he is!
    How _____ he _____!

6. { How wonderful this film is!
    _____ _____ _____ _____ this is!

答えは p.262

59 英語は語順がいのちです！

「（人）に（物事）を…」という語順を確認します。英語は語順で意味が決まることを再確認しましょう。

1

I gave her this book.
　　　　ターゲット　　ネタ

私は彼女にこの本をあげた。

gaveのような目的語を2つもてるコトバにはターゲットが必要です。

この場合は「あげる」相手がターゲットです。

this bookは「あげる」という行為の「ネタ」ですね。

2

コン！
I gave her this book.
　　　　　　　わっ

ねらいが定まるようにターゲットはとなりにおいてあげましょう。

Let's try!

□上下の内容が同じになるように適切な語を入れなさい。

I gave her this book.
I gave this book (　　　) (　　　).

いろいろな文

ポイント解説

SVOO の文

<u>I</u> <u>gave</u> <u>her</u> <u>this book</u>.
S   V O_1 O_2

(私は彼女にこの本をあげた)

= <u>I</u> <u>gave</u> <u>this book</u> 〈to her〉.
   S   V   O

◆「(人)に(物事)をあげる」という内容をgive を用いて表す場合, 上の英文のように2 種類の表し方がある。

◆〈(人)に→(物事)を〉の順で並べれば前置詞は不要。

トレーニング

■次の各文の目的語に下線をつけなさい。

1. I will send him the book.
2. I will send the book to him.
3. My mother made me a hat.
4. My mother made a hat for me.
5. Mrs. Takeda teaches us music.

■次の各組の文が同じ内容になるように，(　)に適当な語を入れなさい。

6. I'll make her a chair.
   I'll make a chair (　　) her.
7. I lent him my bicycle.
   I lent my bicycle (　　) him.
8. Jane sent him some stamps.
   Jane sent some stamps (　　) him.
9. I'll give you this bag.
   I'll give this bag (　　) you.
10. His father bought Akira some new records.
    His father bought some new records (　　) Akira.

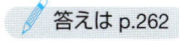

答えは p.262

60 語順が見えれば英語が見える！

SVOCという文型の基本を確認します。
O＝Cが原則です。

---

1 そのネコの名前はタマにしよう。
こういう文を作りましょう。
材料はコレ
We / Tama / will name / the cat

2 We | will name → the cat | Tama.
「name」の目的語をここにおいてやります。
そ〜

3 We ≡ will name → the cat ≠ Tama.
ドン！　ピタン！
「the cat」が押しやられて「Tama」とくっつく。
すると2つはイコールに！

Let's try!

□正しく並べ換えなさい。

We [cat, name, Tama, the, will, (.)]

We | will name ⇒ the cat = Tama.
S　　V　　　　O　　　C

このOとCが
イコールで
むすばれるのが
大切です。

4

同じようなことの
できる動詞は他に
もイロイロあります。

make

call

5

いろいろな文

ポイント解説

SVOC の文

<u>We</u> <u>will name</u> <u>the cat</u> <u>Tama</u>.
　S 　　V 　　　 O 　　 C

（そのネコをタマと名づけよう）

◆ name という動詞を用いる場合，OとCは「<u>the cat is（＝）Tama</u>」という関係になる。
　　　　　　　　　　　　　O 　　　　　 C
◆ つまり the cat とタマがイコールの関係になる。
◆ この型をとる動詞は決まっているので，その点に注意。

トレーニング

■ 次の日本文の意味を表すように，＿＿＿に適当な1語を入れなさい。

1. その町は塔で有名になりました。
   The town _____ _____ for its tower.

2. あなたは将来何になりたいですか。
   _____ do you want to _____ in the future?

3. 彼は息子に何という名前をつけましたか。
   _____ did he _____ his son?

4. この小犬をブラッキーと呼ぼう。
   Let's call _____ little _____ Blackie.

■ 次の日本文の意味を表すように，＿＿＿に適当な1語を入れなさい。

5. 彼は私に自分のアルバムを見せてくれました。
   He _____ _____ his album.

6. あなたの住所を教えてくれませんか。
   Will you _____ _____ your address?

7. 子供たちは彼女をメアリーおばさんと呼んでいました。
   The children _____ _____ Aunt Mary.

8. マーチ夫妻は娘をグレイスと名づけました。
   Mr. and Mrs. March _____ their _____ Grace.

答えは p.262

いろいろな文

解 答

1 例題解答：② are
1. is　2. Are　3. Is　4. am　5. is
※主語が I なら am，主語が you および複数なら are，それ以外なら is を用いる。
6. was　7. is　8. Are　9. is　10. am
※ be 動詞が「いる，ある」の意味になるときは，直後が"前置詞＋名詞"で場所を表す表現がくる場合が多い。

2 例題解答：goes
1. ア　2. イ　3. ア　4. イ　5. イ
※主語が "A and B" のときは，"A + B" と考えること。
6. played　7. lived　8. studied　9. stopped
10. was
※ 6. 8. 9. は動作，7. 10. は状態を表す。

3 例題解答：① go
1. Tom isn't at home now.
2. Are you his classmates?
3. These flowers are very pretty.
4. Those dogs are very big.
5. I am not his student.
※いつもそうであること＝現在の状態。
6. My parents don't know him well.
7. Our dog doesn't like taking a bath.

8. Do you read a book every day?
9. Does Ms. Smith get up early?
＊8. 9. はいつもしていること，6. 7. はいつもそうであることを表す。

4 例題解答：② baking
1. am, running   2. are, playing   3. is, watching
4. are, going   5. are, doing
＊現在進行形は今現在の動作を表す。
6. gave   7. speaks   8. Did   9. wasn't
＊一般動詞の否定文・疑問文でbe動詞を用いないこと。

5 例題解答：haven't, yet
1. known   2. went   3. been   4. have seen
＊現在完了＝"過去＋現在"
5. ever, eaten   6. have, times
7. never, seen   8. have, stayed
＊ever, never は過去分詞の前，回数を表す表現は文末に置く。

6 例題解答：for
1. Mother has just baked a cake.
2. Has he painted the wall yet?
3. I have already finished my homework.
＊already, just は過去分詞の前，yet は文末に置く。
4. ②   5. ③   6. ①   7. ①
＊共に使われる副詞で判断する。

7 例題解答:will, invite
1. We will be busy tomorrow.
2. She will be in Kyoto next week.
3. How old will Ken be next year?
4. It will be fine tomorrow.
* be動詞の未来はwill beとなる。beを忘れないこと。
5. I will wash my car next Sunday.
6. She will go to the library tomorrow.
7. He won't play tennis tomorrow.
8. I will get up at six tomorrow.
* 話し手の意志を表す未来は「〜するつもり」と考える。

8 例題解答:going
1. I am going to practice the piano next Saturday.
2. She is going to swim after school tomorrow.
3. He is going to work for a bank next year.
4. What are you going to do after school today?
* be going to で表す未来は,be動詞の文と同じ疑問文・否定文の作り方となる。
5. It is going to snow next month.
6. It is going to be foggy tomorrow.
7. I am going to be busy next Saturday.
8. She is going to be free tomorrow.
* be going to の後の動詞は常に原形。

9 例題解答:may, be
1. 窓を閉めてもいいですよ。

2. 明日は雨が降るかもしれません。
3. 君は具合が悪いかもしれない。
4. 彼はここに来ることができるかもしれない。
＊may be able to 原形＝「〜できるかもしれない」
5. must　　6. must　　7. must, not
8. Must
＊助動詞の疑問文は主語と助動詞を入れ替える。

10 例題解答：should, keep
1. may　　2. must　　3. must, not　　4. should
5. should, not
＊助動詞は意味をしっかり覚えること。
6. can, speak　　7. could, find
8. couldn't, make
＊助動詞にも過去形はある。

11 例題解答：were
1. is, used　　2. is, closed　　3. was, built
＊"be 動詞＋過去分詞"で1つの動詞ととらえること。
4. Is, used, by　　5. Where, is, sold
6. was, broken
＊受け身の直後の"by ＋名詞"は動作の主体を表している。

12 例題解答：① called
1. Their daughter was named Kate.
2. His parents were made happy by him.
3. The room is always kept clean by her.
4. The wall was painted white by him.

＊受け身（be動詞＋過去分詞）の直後の名詞もしくは形容詞がどれも，主語とイコールの関係になっている。
5. What is this color called in Japanese?
6. They were surprised at the news.
7. Paper is made from wood.
＊6.と7.の受け身の部分はそれぞれ決まった表現なので，覚えること。

13 例題解答：cities
1. trees   2. boys   3. glasses   4. ladies
5. children
＊複数形の作り方にも規則はある。
6. cities   7. sports   8. languages   9. men
10. dresses
＊ one of ～＝「～のうちの1つ」

14 例題解答：glasses, coffee
1. are   2. is   3. many   4. much   5. little
＊数えられない名詞に複数形はない。
6. glass   7. cup   8. piece   9. sheet（またはpiece）   10. pieces
＊容器が定まらないものは，基本的に a piece of ～を用いる。

15 例題解答：made
1. new   2. is, green   3. is, old   4. black
5. very, interesting
＊ be動詞の直後の単独の形容詞は，主語とイコール

になる。
6. sad　　7. excited　　8. happy　　9. angry
10. surprised
＊6. ～ 10. の空所に入る形容詞は，どれも目的語とイコールの関係になる。

16　例題解答：few, little
1. a, few　　2. Few　　3. a, little
4. was, little
＊数が「ほとんどない」は few, 量が「ほとんどない」は little。
5. cold　　6. something　　7. white
8. something, drink　　9. nothing
＊ something, anything, nothing, everything などがある。

17　例題解答：You are too busy.
1. fast　　2. well　　3. play, well
4. speak, well
＊ fast は形容詞にも副詞にもなる。good「うまい，上手だ」の副詞は well「うまく，上手に」。
5. very, tall　　6. very, slow　　7. very
8. very, kind
＊本問の very は形容詞を修飾する副詞。

18　例題解答：very, well
1. very, hard　　2. very, much
3. very, fast　　4. very, well
＊本問の very は直後の副詞を修飾している。

5. I 6. is 7. Tom 8. She 9. is
＊always「いつも」, often「しばしば」, sometimes「ときどき」。

19 例題解答：to play
1. watch 2. to be 3. to see 4. playing
5. playing
＊まずは文中のどこに動詞があるかチェックしよう。
6. たくさんの友人をもつこと 7. 寝る（ための）
8. 野球をするために 9. 食べること（を）
10. 勉強している
＊不定詞, 分詞, 動名詞にはそれぞれの訳し方があるので, 注意。

20 例題解答：loved
1. to see me 2. talking to my father
3. written in English 4. wearing a cap
5. made in Germany
＊目的語や修飾語句に注意する。
6. sitting 7. talking 8. living 9. playing
10. studying
＊6.～10.の全問とも, 下線部が直前の名詞を修飾している。

21 例題解答：ニンテンドーWiiで遊ぶことはとても面白い。
1. うそをつくのは間違いだ。
2. 英語を話すのはやさしくない。
3. 大都市で暮らすのは大変だ。

4. クラシック音楽を聴くのは心地よい。
＊「〜することは」を「〜するのは」と訳してもよい。
5. began to wash the dishes
6. Tom likes to read books.
7. To speak English is easy for us.
＊日本語を見て，どの部分が to 不定詞を用いる部分か確認しよう。

22 例題解答：なりたい
1. to, draw [paint]　　2. to, go　　3. to, drive
4. to, play　　5. to, teach
＊この使い方は，主語と to 不定詞がイコールの関係になる。
6. 私は日本史を勉強したいと思っている。
7. 彼女はお茶を1杯飲みたいと思っている。
8. ビルは歌を歌うのが好きだ。
9. メイはピアノを弾きはじめた。
＊最初は「〜すること」と当てはめてみること。

23 例題解答：Driving
1. Playing　　2. Getting　　3. Collecting
4. Making　　5. Learning
＊ここでも「〜すること」をさまざまに訳し分けてよい。
6. taking　　7. running　　8. singing　　9. writing
10. playing
＊6.〜8. は，to 不定詞を目的語にとることもできる。

24 例題解答：② having
1. listening　2. speaking　3. sending
4. eating　5. watching
＊前置詞の直後の動詞は to 不定詞にはならない。
6. singing　7. writing　8. at, playing
9. about, going

25 例題解答：③ to do
1. many things to see in Kyoto
2. three children to take care of
3. a house to live in
＊形容詞の働きをする to 不定詞は，2. 3. のように前置詞で終わる場合がある。
4. something to eat　5. a lot of things to do
＊形容詞の働きをする to 不定詞は訳し方がさまざまなので，注意する。

26 例題解答：wear
1. to, read　2. to, visit
3. something, cold, to　4. to, say
＊3. は，"-thing ＋形容詞＋ to 不定詞" の語順。
5. Here is a doll to give her.
6. They are looking for someone to talk with.
7. She has many things to do today.
＊形容詞の働きをする to 不定詞の位置に注意。

27 例題解答：私の仕事は美しい景色の写真を撮ることだ。私の父は美しい景色の写真を撮っているところだ。

1. その少年は公園を走っている。
2. その走っている少年を見なさい。
3. 犬と走っている少年を知っていますか。
4. 歌を歌っている少女はエレンです。

＊進行形は "be 動詞＋～ing" で，動詞の位置に置く。

5. バスを待っている人々を見なさい。
6. ピアノを弾いている少女は私の友人だ。
7. ジョーンズさんは車を運転している。
8. ケーキを作ることは，ケートには簡単だ。
9. 私の趣味は絵を描くことだ。

＊いろいろな～ ing が入っているので注意。

28 例題解答：lying

1. She looked at the sleeping baby.
2. The boy taking pictures is Fred.
3. That flying bird is a swallow.
4. Who is that man running in the field ?

＊～ing がどの名詞を修飾すればよいか，よく考えよう。

5. carrying, big, bag, is   6. driving, car, is
7. Look, at, that, laughing

＊～ing がどの名詞を修飾すればよいか，よく考えよう。

29 例題解答：spoken

1. opened   2. had   3. painted   4. made

5. built
＊活用に注意。受け身の関係になるかどうかを確認すること。
6. writing　　7. written　　8. written　　9. written
10. written
＊受け身になるかいなかは，主語との関係で考える。

30　例題解答：written
1. 英語は多くの国々で話されている。
2. 彼女はすでにレポートを書いてしまった。
3. 彼は湯川博士によって書かれた本を読んだ。
4. 私のおじはイタリア製の車を持っている。
＊"be 動詞＋過去分詞"（受け身），"have ＋過去分詞"（現在完了）は，動詞の位置に置かれる。
5. She, made, in, France
6. spoken, is, French　　7. written, by
8. taken, by
＊上の文を受け身の関係に置き換えて考えること。

31　例題解答：終えるために
1. 試験に合格するために
2. 始発のバスに間に合うように
3. 宿題をするために
＊to 不定詞を「～するために」，「～しに」と訳せばよい。
4. to, live　　5. to, see, us
6. to, smoke
＊to 不定詞を用いること。

32 例題解答：I am happy to hear that.
1. to pass   2. to catch   3. to see
4. to see   5. to help
＊どの形を用いるかは意味を考えて判断しよう。
6. to get a good car   7. to read your letter
8. was surprised to know the truth
＊to 不定詞は直前の形容詞の感情の原因を表している。

33 例題解答：It is expensive to travel abroad.
1. It is difficult to answer this question.
2. It is fun to watch television.
3. It is easy for me to swim in the sea.
＊to do の直前に "for A" がつくと，to 不定詞の意味上の主語を表す。
4. Does, what, to, give   5. where, to, go
6. what, time, to
＊"疑問詞＋to 不定詞"で，名詞句になる点に注意。

34 例題解答：too, to
1. 君は幼すぎて車の運転はできない。
2. 寒すぎて外出できない。
3. 彼は貧しすぎてそれを買えない。
4. そのミルクは熱すぎて飲めない。
＊否定の内容になることに注意。
5. told him to get up earlier
6. were too tired to run
7. wasn't difficult for her to speak

8. at that picuture painted by Picasso
＊準動詞（不定詞・分詞・動名詞）が動詞の位置にこないことを再確認すること。

35 例題解答：② sleeping
1. made　　2. sitting　　3. talking　　4. written
5. running
＊修飾する名詞との関係を考えること。
6. 形容詞用法　　7. 副詞用法　　8. 名詞用法
9. 副詞用法　　10. 副詞用法
＊訳と位置で判断すること。

36 例題解答：② not to be
1. to read the newspaper
2. to stop playing soccer
3. to stop watching television
＊1.〜3. まで，目的語が，直後の to 不定詞の意味上の主語になっている。
4. Fred asked Lucy to open the window.
5. I asked Jim to teach me English.
6. I asked Bill to lend me the pen.
7. I asked Tom to show me the picture.
＊4. から順に，目的語である Lucy, Jim, Bill, Tom が，直後の to 不定詞の意味上の主語になっている。

37 例題解答：① large
1. トモコは私と同じくらいの年齢だ。
2. ナオミはルーシーと同じくらいの背の高さだ。
3. 私の鉛筆は君のと同じくらい長い。

4. あなたのカメラは私のものと同じくらい小さい。
＊形容詞の比較表現である点に注意。
5. This pencil is as long as that one.
6. Megumi is as old as Lucy.
7. I get up as early as my father.
＊形容詞の比較か副詞の比較かを考えること。

38 例題解答：北海道，九州

1. I am not as busy as Megumi.
   私はメグミほど忙しくない。
2. This picture is not as beautiful as that one.
   この絵はあの絵ほど美しくない。
3. I cannot sing as well as Kumi.
   私はクミほど上手に歌うことができない。
＊否定文の訳し方に注意すること。
4. older   5. bigger   6. shorter, hers
＊どちらがどうなのか，比較の大小関係をよく見極めること。

39 例題解答：② higher

1. older   2. bigger   3. large（もとのまま）
4. prettier
＊ than があったら，比較級とわかる。
5. smaller   6. bigger   7. easier   8. faster
＊ than があったら，比較級。

40 例題解答：much more slowly than my brother.

1. can't, fast, as, she   2. can, much, faster

3. It, much, hotter
＊比較級を強めるのに very を用いないこと。
4. I like winter better than summer.
5. Tomoko can play the piano the best of the three.
6. Who can run the fastest in your class?
＊ "better than" の位置に注意。

41 例題解答：③ biggest
1. hottest　2. prettiest　3. biggest
4. higher　5. fastest
＊比較級, 最上級の使い分け。
6. the most　7. better　8. the best
9. more　10. most
＊ many, much の比較級・最上級は more, most。good, well は better, best となる。

42 例題解答：② greatest
1. China is much larger than Japan.
2. Which do you like better, summer or winter?
3. Soccer is one of the most popular sports in
＊3. について, 複数名詞を置く位置に注意。
4. What color do you like the best?
5. I like soccer the best of all the sports.
＊ the best の位置に注意する。

43 例題解答：① but
1. 私はテニスとバレーボールをする。
2. このカメラは君のものですか, それとも君のお父さ

んのものですか。
3. 歴史は興味深いが，英語は私にとってもっと興味深い。
4. 今日は涼しいので，私たちは湖で泳ぐことはできない。
5. 彼女は台所に行って母親を手伝った。
＊接続詞が何と何をつないでいるのか，しっかり意識すること。
6. or　　7. but　　8. or　　9. so
＊意味のつながりをよく考えること。

44 例題解答：and
1. or　　2. and
3. If, don't, start, at, once
＊接続詞の位置に注意すること。
4. or　　5. but　　6. are　　7. so
＊意味のつながりをよく考えること。

45 例題解答：③ that
1. 2　　2. 1　　3. 2　　4. 1　　5. 3
＊接続詞の前で区切る。
6. 省略可。　　7. 省略不可。　　8. 省略可。
9. 省略可。　　10. 省略可。
＊接続詞か代名詞かで区別する。

46 例題解答：said, was
1. I knew the girl was a musician.
2. I knew he wanted to be a cook.
3. I thought I had to help him.

4. I thought he would come back soon.
＊主節の動詞が過去なら従属節の動詞も過去になる。
5. Do you think that Mike will help us?
6. Do you know he is a doctor?
7. I think I have to help her.
＊that は省略される場合もあるので注意。

47 例題解答：When she was a girl, she couldn't eat natto.
1. Because 2. when 3. that 4. so
＊文全体の意味に合う接続詞を選ぶ。
5. if, is   6. so, that, tired   7. so
＊いろいろな接続詞を区別して覚えよう。

48 例題解答：① it rains
1. if, is   2. before, it
3. When, was, listening
＊意味をよく考えること。
4. because 5. When 6. so 7. so 8. if
＊文の意味をよく考えて。

49 例題解答：her, father, bought
1. who 2. which 3. which 4. who
5. which
＊先行詞が「人」か「もの」か考えよう。
6. I know an American who likes playing *shogi*.
7. Junko has a pen friend who can ride a horse.
8. He met some children who were good at swimming.

9. That is a new store which opened yesterday.
＊先行詞の直後に関係代名詞節を置くこと。

50 例題解答：②私が知っている少年
1. 私にはカナダで暮らしているおばがいる。
2. とても速く走っている犬を見なさい。
3. そこに立っている男の人を知っていますか。
4. テレビを見ている男の子はマイクです。
＊関係代名詞以下の節は先行詞につながる。
5. who is talking with my brother
6. who are listening to the tape are my friends
7. who came here yesterday
＊関係代名詞以下の節は先行詞の直後に入れる。

51 例題解答：作った
1. that   2. that   3. which [that]
4. which [that]   5. that
＊1.〜5.まで,関係代名詞は目的格であることに注意。
6. man   7. car   8. present   9. rabbit
10. story
＊いずれも目的格の関係代名詞。"S + V"の前に置く。

52 例題解答：Taro, broke
1. This is the eraser which I bought yesterday.
2. Look at the car which Mr. Jones is driving.
3. Kyoto is a city which many people want to visit.
4. The apples which we ate were very good.
＊関係代名詞の後は不完全な文になる。

5. She is the girl that I met in Kyoto.
6. Bob is an Australian boy that Hiroshi likes very much.
7. That is the lady that we invited to the party.
8. He is a doctor that we know well.
＊関係代名詞の後は不完全な文になることを理解しよう。

53 例題解答：若者たちの間で人気のある
1. ロイが好きな犬は長い耳をしている。
2. 彼は大きな庭のある家を買った。
3. これはジムが私のために買ってくれた本だ。
4. 私が訪れた学校はとても大きかった。
5. トムは私のものよりよいギターを持っている。
＊関係代名詞の節の構造に注意。
6. 本を読んでいるあの男の人はだれですか。
7. 手紙を書いている少女を知っていますか。
8. このペンとあのペンでは，どちらがあなたのペンですか。
9. これはおばが私に書いた手紙です。
＊6. 7. 8. には"?"がついている。疑問文である。

54 例題解答：living
1. that [whom], called　　2. never, an
＊意味をよく考えて。
3. The book I read yesterday was very interesting.
4. The girl who has long hair is Hank's sister.
＊関係代名詞の後は不完全な文になる。

55 例題解答：who, is
1. I don't know where they went.
2. Do you know who he is?
3. I don't know where it is.
＊間接疑問文の語順に注意。
4. 彼女がいつ帰宅したのか私は知らない。
5. 彼がいつ来るのか知っていますか。
6. 彼がその店で何を買ったのか知っていますか。
7. 私は彼が手に何を持っているのか知っています。
＊間接疑問文の訳し方に注意。

56 例題解答：what, will
1. when, she, will　　2. where, he, went
3. what, she, said
＊動詞の時制に注意。
4. I don't know what time it is.
5. Do you know who that man is?
6. I wonder where my cat has gone.
＊語順に注意。

57 例題解答：What
1. What/ あれはなんと高い木なんでしょう。
2. How/ この絵はなんて美しいんでしょう。
3. How/ 彼はなんてうまく泳げるんでしょう。
4. What/ それらはなんて小さな鳥なんでしょう。
　＊What を使うか How を使うかは名詞の有無で区別しよう。
5. What a kind girl she is!
6. How beautiful these flowers are!

7. How hard John works!
8. What pretty dolls Jane has!
＊What を使うか How を使うかは名詞の有無で区別しよう。

58 例題解答：How
1. What good friends you and Judy are!
2. How dark it is in this room!
＊語順に注意。
3. an, intersting, this, is
4. What, is　　5. well, swims
6. What, a, wonderful, film
＊語順に注意。

59 例題解答：to，her
1. him, the book　　2. the book　　3. me, a hat
4. a hat　　5. us, music
＊目的語とは何かを再確認しよう。
6. for　　7. to　　8. to　　9. to　　10. for
＊目的語の順番を入れ替えたときの前置詞の有無に注意。

60 例題解答：will name the cat Tama.
1. got, famous　　2. What, be
3. What, name　　4. this, dog
＊文型に注意。
5. showed, me　　6. tell, me　　7. called, her
8. named, daughter
＊文型に注意。

Profile

二本柳啓文 (にほんやなぎひろふみ)

*主な著書:『英語授業の実況中継』(語学春秋社),「実況中継セミナー"GOES"／中学英語総復習講座」(語学春秋社),『センター英語必勝マニュアル(読解編)』(東京出版:共著)

ヤマグチタカシ

イラストレーター・CGアニメーション作家。

中学英語Make it!

2009年2月25日　初版発行©　　　　　(定価はカバーに表示)

著　者　　二本柳啓文
発行人　　井村　敦
発行所　　(株)語学春秋社
　　　　　東京都千代田区三崎町2-9-10
　　　　　TEL (03)3263-2894
　　　　　http://goshun.com
印刷所　　壮光舎印刷

カバーデザイン・本文レイアウト:**トーキョー工房**

ISBN978-4-87568-705-4　　　　落丁・乱丁本はお取替えいたします。

テレビCMでおなじみの

高校1・2年生から社会人まで学べる
実況中継セミナー

GOES
(ゴーズ)

Web版。

おうちの
パソコンで!!

❶ テキスト&音声を
ご自宅の
パソコンに
ダウンロード。

❷ PC画面で
まるごと
カンタン操作!!

❸ 音声をiPod
におとせば

今日1日分だけ
テキストを
プリント
してもいいね

いつでも! どこでも!!
学習できます。

通学中に!!
おでかけ
先でも!!

くわしくは Webで… まずは無料でおためしください。

| 語学春秋 | 検索 |

http://goshun.com

PCサイトで全講座の第1回をたっぷりご試聴いただけます。

株式会社 語学春秋社　GOES事務局
〒101-0061　東京都千代田区三崎町2-9-10

TEL. 03-3263-2036
【受付時間】月曜日〜金曜日 9:30〜18:30

FAX. 03-3261-2884【24時間受付】

ケータイ
サイトは
こちら

実況中継セミナーGOES
『中学英語総復習講座』
のご案内

本書『中学英語Make it!』をお読みいただいて、さらに学習を進めたい方に、本書の構成と同一の内容を親身に講義してくださる二本柳啓文講師の「中学英語総復習講座」をお薦めします。

講師とマンツーマンで勉強をしているといってもいい、緊迫した臨場感を味わいながらのマイペース学習を実現しました。

1日わずか1時間聞くだけで、中学英語が10日間でマスターできます!!

何をやるか?

中学校の教科書で学習する内容を、文法(英語の文のしくみ)を手がかりに復習していきます。文の作り方、動詞の活用などといった普段あまり気にしていないのによく間違える基本事項を再確認していきます。

どうやるのか?

講座は各回60分(全10回)を20分ずつ3回に分けて、各々別のテーマを扱います。また、20分の中身も〈説明→問題〉の順でテンポよく進んでいくので飽きているヒマもありません。

どういう力がつくのか?

しかもこの講座の中で中学で学習した基本事項の総チェックをやり尽くしますので、受講後には「自分は基礎力が足りないんじゃないか?」などというような消極的な気持ちは解消しますし、「あぁ、そういうことだったのか!」という新たな再発見とともに、修了後には英語のしくみも見えて、英語への確かな自信がついてきます。

英会話 Make it!
〈改訂版〉

山口俊治／T.D.ミントン 著
文庫判（ビニール表紙・3色刷）
- 基本表現編・場面攻略編(各) 本体1,800円+税
- 別売音声：iTunes Storeにてご購入いただけます。
  （CDは全国有名書店にてお求めになれます）

「使える英語」をめざす人の**英会話ケータイ辞典。**

英会話に必要な表現が何でも載っている，持ち歩き学習に便利な「引いて便利，読んで楽しい」ケータイ辞典です。

〈基本表現編〉では，「質問のいろいろな形式」から「会話の慣用語法」まで，基本と常識を網羅する形で進みます。付録に**「数の英語」**もついて，発信力の基礎を作ります。

〈場面攻略編〉では，食事の注文や電話の応答から，道案内・趣味の話題まで，さまざまな場面・状況の表現を収録しました。両編ともシャープの電子辞書に搭載。

旅行・ビジネス・eメールに大活躍!!

＊インターネットからでもご注文いただけます＊

| 語学春秋 | 検 索 |

http://goshun.com